Mulheres
COM
DEUS

DEVOCIONAL

Mulheres COM DEUS

365 DIAS DE FÉ
UM DEVOCIONAL PARA RENOVAR SUA ALMA TODOS OS DIAS DO ANO

KING BOOKS

CONHEÇA NOSSO LIVROS
ACESSANDO AQUI!

Copyright desta obra © IBC - Instituto Brasileiro De Cultura, 2025

Reservados todos os direitos desta produção, pela lei 9.610 de 19.2.1998.

1ª Impressão 2025

Presidente: Paulo Roberto Houch
MTB 0083982/SP

Coordenação Editorial: Priscilla Sipans
Coordenação de Arte: Rubens Martim
Redação e Edição: Aline Ribeiro
Apoio de Revisão: Camila Silva
Diagramação: Shantala Ambrosi

Vendas: Tel.: (11) 3393-7727 (comercial2@editoraonline.com.br)

Foi feito o depósito legal.
Impressão na China.

Dados Internacionais de Catalogação na Publicação (CIP) de acordo com ISBD		
S52c	King Books	
	Devocional Mulheres com Deus / King Books. - Barueri : King Books, 2024. 224 p. ; 15,1cm x 23cm.	
	ISBN: 978-65-83195-05-0	
	1. Cristianismo. 2. Fé. 3. Espiritualidade. 4. Devocional. I. Título.	
2025-353		CDD 240 CDU 24
Elaborado por Odilio Hilario Moreira Junior - CRB-8/9949		

IBC – Instituto Brasileiro de Cultura LTDA
CNPJ 04.207.648/0001-94
Avenida Juruá, 762 – Alphaville Industrial
CEP. 06455-010 – Barueri/SP
www.editoraonline.com.br

SUMÁRIO

MULHERES DA BÍBLIA 08

JANEIRO 11
Inicie o ano fortalecendo sua fé com reflexões inspiradoras sobre a identidade da mulher em Cristo. Descubra como cultivar uma vida de gratidão e propósito, mesmo diante dos desafios.

FEVEREIRO 28
Explore temas como amor-próprio, autoestima e cuidado pessoal. Aprofunde sua conexão com Deus através da oração e da meditação na Palavra.

MARÇO 44
Neste mês, você encontrará mensagens encorajadoras sobre a importância de ter uma vida equilibrada, conciliando família, trabalho e vida espiritual.

ABRIL 61
Desvende os segredos de uma comunicação eficaz nos relacionamentos, seja com seu cônjuge, filhos ou amigos. Aprenda a perdoar e a ser perdoada.

MAIO 78
Conecte-se com a força interior que Deus lhe deu para superar obstáculos e alcançar seus sonhos. Descubra como usar seus talentos e dons para servir aos outros.

JUNHO 96
Mergulhe em reflexões sobre a maternidade, a amizade e a importância de cultivar relacionamentos saudáveis. Encontre inspiração para ser uma mulher virtuosa.

JULHO 113
Fortaleça sua fé através de histórias inspiradoras de mulheres da Bíblia. Aprenda com seus exemplos de coragem, perseverança e fé inabalável.

AGOSTO 130
Descubra como cultivar a paz interior em meio às tempestades da vida. Aprenda a confiar em Deus em todas as circunstâncias.

SETEMBRO 147
Encontre sabedoria para lidar com as pressões da vida moderna. Aprenda a encontrar equilíbrio entre o trabalho e a vida pessoal.

OUTUBRO 164
Celebre a vida e agradeça a Deus por todas as suas bênçãos. Descubra como viver uma vida plena e significativa.

NOVEMBRO 181
Reflita sobre a gratidão e a importância de celebrar as pequenas conquistas. Aprenda a expressar seus sentimentos de amor e gratidão aos outros.

DEZEMBRO 198
Encerre o ano com o coração cheio de esperança e gratidão. Prepare-se para um novo ciclo de bênçãos e crescimento espiritual.

FAÇA SUAS REFLEXÕES E AGRADECIMENTOS 216
Um espaço especial para você registrar seus pensamentos, sentimentos e gratidão ao longo da sua jornada com Deus.

UM ENCONTRO DIÁRIO COM A
PALAVRA DE DEUS

A vida moderna é um turbilhão de responsabilidades, desafios e surpresas que, muitas vezes, nos deixam com a sensação de que o tempo escapa de nossas mãos. Nesse cenário, encontrar momentos de paz e conexão espiritual pode ser um desafio, mas é exatamente aqui que um devocional diário se torna um verdadeiro refúgio e fonte de inspiração. Um devocional é mais do que uma leitura — é um encontro com Deus. Este livro foi criado para guiar as mulheres em uma jornada diária de fé, autoconhecimento e fortalecimento, revelando o poder da Palavra de Deus como um apoio constante e transformador.

Ler um devocional logo pela manhã pode ser o segredo para um dia mais leve, confiante e abençoado. Começar o dia meditando com os versículos da Bíblia nos oferece uma oportunidade de refletir sobre nossa vida, nossos propósitos e nossas atitudes, entregando cada detalhe nas mãos de Deus.

O devocional diário funciona como um guia prático e direto para reforçar a fé e a perseverança. Para enriquecer sua experiência, sugerimos que comece cada leitura com uma oração. Peça a Deus que ilumine seus pensamentos e abra o seu coração para receber Sua Palavra. Ao finalizar a leitura, dedique um momento para mais uma oração, agradecendo pela mensagem recebida e pedindo orientação para aplicá-la no seu dia a dia. Esse tempo de oração pessoal antes e depois da leitura é fundamental, pois ajuda a criar um ambiente de fé e conexão com Deus.

Além disso, nas páginas deste livro, você encontrará espaço para reflexões internas e uma espécie de diário de gratidão. Aqui, você pode registrar os sentimentos, as aprendizagens e as bênçãos que cada versículo desperta em você. Com o passar dos dias, esse diário se tornará um testemunho de sua jornada espiritual e das glórias que Deus derrama diariamente.

Este devocional foi elaborado com abordagens específicas para o universo da mulher moderna, que, em sua maioria, precisa equilibrar as demandas da vida pessoal e profissional. Sabemos que muitas mulheres enfrentam desafios diários ao desempenhar papéis múltiplos: profissional, mãe, esposa, amiga, filha, além de tantas outras responsabilidades. São trazidos temas cuidadosamente selecionados para apoiar e fortalecer você em cada uma dessas áreas, oferecendo orientação espiritual que conecta diretamente com suas necessidades e aspirações.

Esses momentos de introspecção e conexão com Deus podem transformar seu cotidiano, lembrando-a de que, independentemente dos desafios que enfrente, há sempre uma fonte de paz, equilíbrio e força espiritual ao seu alcance.

MULHERES DA BÍBLIA: LIÇÕES DE CORAGEM, FÉ E AMOR

As mulheres da Bíblia têm histórias inspiradoras que nos mostram A FORÇA, A FÉ E O AMOR com que viveram. Cada uma, à sua maneira, deixa uma marca profunda e nos oferece lições valiosas.
Todas trazem um ensinamento único, seja pela coragem, pela liderança, pela fé ou pelo serviço. Ao conhecermos suas histórias, somos lembradas de que Deus tem um propósito especial para cada uma de nós, assim como tinha para elas.

EVA, a primeira mulher, representa a humanidade em sua vulnerabilidade e capacidade de recomeçar. Ela nos lembra de que, embora possamos falhar, sempre temos a oportunidade de nos erguer novamente com fé.

MARIA, Mãe de Jesus, é o exemplo máximo de fé e obediência. Sua confiança em Deus diante do inesperado e do desconhecido nos inspira a nos entregarmos à vontade divina com amor e humildade.

MARIA DE BETÂNIA era amiga e discípula de Jesus, conhecida por sua devoção. Ao derramar perfume nos pés de Jesus, ela nos ensina a importância da adoração sincera e do amor dedicado.

MARIA MADALENA foi libertada por Jesus e se tornou uma de suas seguidoras mais próximas. A primeira testemunha da ressurreição, ela simboliza a força da transformação e a esperança de uma nova vida.

RAABE, a prostituta de Jericó que ajudou os espiões israelitas, ilustra a graça de Deus e o poder da redenção. Sua coragem e fé fizeram dela uma ancestral de Jesus.

ANA, com sua persistência em oração, pediu a Deus um filho, e Ele lhe concedeu Samuel. Ana nos ensina sobre a fé inabalável e o poder da oração constante.

ESTER, a rainha corajosa, colocou sua vida em risco para salvar seu povo. Sua história nos encoraja a sermos valentes e a defender o que é justo, mesmo diante de grandes perigos.

SARA, esposa de Abraão, esperou em Deus para ser mãe até uma idade avançada. Ela simboliza a paciência e a esperança, mostrando que Deus cumpre Suas promessas, mesmo que pareçam impossíveis.

REBECA, esposa de Isaque, foi escolhida por Deus para um propósito. Sua disposição em seguir o plano divino nos inspira a confiar no propósito de Deus para nossas vidas.

PRISCILA, uma das primeiras missionárias, trabalhou lado a lado com seu marido, Áquila, e foi uma líder na igreja. Ela representa a importância do trabalho em equipe e da liderança feminina no serviço a Deus.

MIRIÃ, irmã de Moisés, era uma líder no êxodo de Israel. Com seu cântico de vitória após a travessia do Mar Vermelho, ela nos lembra de celebrar as vitórias que Deus nos concede.

ABIGAIL foi uma mulher sábia e diplomática, que evitou uma tragédia com sua humildade e inteligência. Sua história nos ensina a importância da paz e da sabedoria nas relações.

TABITA (Dorcas) era uma mulher generosa, conhecida por ajudar os pobres e fazer boas obras. Sua bondade e compaixão nos incentivam a servir aos outros com amor.

LÍDIA, uma comerciante de púrpura, foi uma das primeiras convertidas ao cristianismo na Europa. Ela exemplifica como nossas vocações e dons podem ser usados para a glória de Deus.

DÉBORA, uma juíza e profetisa, liderou o povo de Israel em tempos de guerra. Sua força e liderança são um testemunho de que as mulheres também são chamadas para posições de autoridade e influência.

MÃE DE SANSÃO (esposa de Manoá) teve seu filho sob a promessa divina. Sua fé e cuidado mostram o valor da obediência aos propósitos de Deus.

RUTE, uma moabita que escolheu seguir a Deus, destacou-se por sua lealdade e amor pela sogra. Sua história é uma mensagem sobre amor sacrificial e fidelidade.

EUNICE E LOIDE, mãe e avó de Timóteo, educaram-no na fé, transmitindo valores sólidos. Elas representam a importância das gerações de mulheres que cultivam a fé na família.

Janeiro

1º JAN

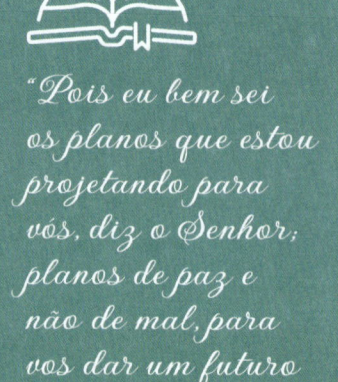

CONFIE SEMPRE NOS
PLANOS DE DEUS

"Pois eu bem sei os planos que estou projetando para vós, diz o Senhor; planos de paz e não de mal, para vos dar um futuro e uma esperança."

Jeremias, 29:11

Neste começo de ano, lembre-se de que Deus conhece profundamente seus sonhos, lutas e anseios. Os planos d'Ele são de paz e esperança, mesmo quando a jornada parece difícil. Como mulher, você carrega tantas responsabilidades, mas saiba que há um propósito divino em cada passo que dá.

Deus está preparando um futuro repleto de esperança, onde você encontrará força e realização. Confie na promessa de que, nos momentos de incerteza, Ele está moldando algo maior, guiando sua vida para um caminho de paz e plenitude.

MOTIVOS PARA ORAR:

___
___
___
___

DIÁRIO DE GRATIDÃO:

___
___
___
___
___
___

Aponte a câmera do seu celular para este QR Code e faça atividades complementares para aplicar esta reflexão de forma prática em seu dia a dia!

2 JAN

"Não andem ansiosos por coisa alguma, mas em tudo, pela oração e súplicas, e com ação de graças, apresentem seus pedidos a Deus." Filipenses, 4:6

LIVRE-SE DA ANSIEDADE

Em vez de permitir que a ansiedade domine seu coração, confie a Deus todas as suas preocupações. Através da oração, podemos entregar nossos medos e dificuldades ao Senhor, sabendo que Ele está no controle. Além disso, a gratidão deve fazer parte de nossa vida, reconhecendo as bênçãos já recebidas. Assim, a paz de Deus, que excede todo entendimento, nos guardará e fortalecerá, permitindo-nos enfrentar cada desafio com fé e serenidade.

REFLEXÕES:

---

3 JAN

"O Senhor é o meu pastor; e nada me faltará." Salmos, 23:1

PERMITA-SE DESCANSAR

Deus é o nosso Pastor, cuidando de cada detalhe de nossas vidas. Assim como um pastor guia e protege suas ovelhas, Deus está sempre presente, suprindo nossas necessidades e nos conduzindo em segurança. Quando confiamos n'Ele, encontramos paz e segurança, sabendo que nada nos faltará. Mesmo diante das dificuldades, podemos descansar na certeza de que Ele proverá tudo o que precisamos, não apenas materialmente, mas espiritualmente. Ao reconhecer essa verdade, somos fortalecidas para enfrentar o que vier com confiança e serenidade.

DIÁRIO DE GRATIDÃO:

4 JAN

"Posso todas as coisas naquele que me fortalece." Filipenses, 4:13

VOCÊ NÃO ESTÁ SOZINHA!

Com Cristo ao nosso lado, não há limites para o que podemos enfrentar. Quando a vida nos desafia, muitas vezes nos sentimos fracas ou incapazes, mas este versículo nos ensina que não estamos sozinhas. A nossa força vem de Deus, que nos capacita a superar obstáculos, realizar sonhos e enfrentar dificuldades. Ele nos fortalece em cada momento, sustentando-nos em tempos bons e ruins. Com essa confiança, podemos encarar o dia a dia sabendo que, em Cristo, somos sempre vitoriosas.

DIÁRIO DE GRATIDÃO:

_____
_____
_____
_____
_____
_____
_____

5 JAN

"Mas em todas estas coisas somos mais do que vencedores, por aquele que nos amou." Romanos, 8:37

VOCÊ É UMA VENCEDORA!

Se você está enfrentando lutas e sente que as dificuldades são maiores que suas forças, lembre-se deste versículo. Deus te vê como mais do que vencedora! Isso significa que, por mais difíceis que sejam os desafios, através do amor de Cristo, você pode superá-los. A superação não vem pela nossa própria força, mas pela confiança n'Aquele que nos ama incondicionalmente. Permita-se ser fortalecida por Ele. Cada obstáculo é uma oportunidade de experimentar o poder transformador de Deus em sua vida. Confie que, com Ele, você já venceu.

MOTIVOS PARA ORAR:

_____
_____
_____
_____
_____
_____
_____

6 JAN

"Tudo quanto fizerdes, fazei-o de todo o coração, como ao Senhor, e não aos homens." Colossenses, 3:23

SAIBA EQUILIBRAR FAMÍLIA E TRABALHO

Muitas vezes, conciliar a vida profissional com a dedicação à família pode ser desafiador, mas este versículo nos lembra da importância de fazer tudo com excelência, como se fosse para o próprio Deus. Tanto em casa quanto no trabalho, seus esforços têm valor. Deus vê o seu empenho, seja cuidando dos seus ou dando o melhor de si no ambiente profissional. Ao entregar cada tarefa nas mãos d'Ele, você encontra forças para ser uma boa mãe e também uma profissional exemplar. Lembre-se de que, com Deus, você pode encontrar equilíbrio e ser abençoada em todas as áreas da sua vida.

REFLEXÕES:

"Educa a criança no caminho em que deve andar; e até quando envelhecer não se desviará dele." Provérbios, 22:6

7 JAN

EDUQUE COM AMOR

A responsabilidade de guiar os filhos no caminho certo é uma das maiores missões de uma mulher. Criar os filhos com amor, valores sólidos e ensinamentos de Deus faz toda a diferença no futuro deles. Cada palavra e exemplo que você oferece hoje molda o caráter deles para a vida toda. Ao investir tempo em orar por sua família e ensinar seus filhos a seguir os princípios de Deus, você está plantando sementes eternas. Deus está contigo nesse processo, dando sabedoria e força para equilibrar a vida familiar e todas as outras responsabilidades que você tem.

DIÁRIO DE GRATIDÃO:

8 JAN

"A mulher sábia edifica a sua casa, mas a insensata, com as próprias mãos, a derruba." Provérbios, 14:1

EDIFIQUE SEU LAR

A maneira como você age e se posiciona dentro de sua casa faz toda a diferença. Ser uma mulher sábia é escolher diariamente construir relacionamentos com paciência, respeito e amor. Suas atitudes têm o poder de fortalecer sua família, criar um ambiente de paz e inspirar aqueles que estão à sua volta. No entanto, agir sem reflexão pode trazer conflitos e distanciamento. Peça a Deus sabedoria para lidar com os desafios diários e edificar seu lar sobre uma base sólida de fé e bondade. Você tem um papel essencial na criação de um ambiente saudável e cheio de amor.

DIÁRIO DE GRATIDÃO:

_____
_____
_____
_____
_____
_____
_____

"Mas buscai primeiro o Reino de Deus, e a sua justiça, e todas estas coisas vos serão acrescentadas." Mateus, 6:33

9 JAN

PRIORIZE O QUE É CERTO

Às vezes, com tantas responsabilidades, é fácil colocar as prioridades no lugar errado, não é? Mas Jesus nos lembra de algo muito importante: buscar primeiro o Reino de Deus. Isso significa que, antes de tudo, devemos colocar nossa fé e relação com Deus como a base de nossa vida. Quando fazemos isso, Ele cuida do resto. As preocupações com o futuro, as necessidades diárias e até os desejos do coração serão supridos por Ele no tempo certo. Coloque Deus em primeiro lugar, e confie que Ele está organizando tudo de acordo com o melhor plano para você e sua família.

MOTIVOS PARA ORAR:

_____
_____
_____
_____
_____
_____

10 JAN

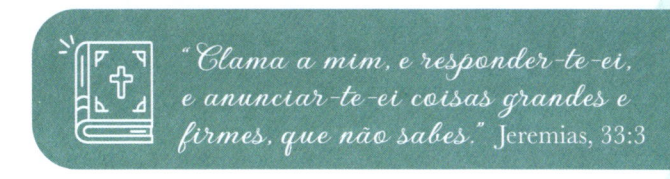

> "*Clama a mim, e responder-te-ei, e anunciar-te-ei coisas grandes e firmes, que não sabes.*" Jeremias, 33:3

SAIBA OUVIR DEUS

Se você se sente sem direção ou com dúvidas sobre o futuro, saiba que Deus te convida a clamar a Ele. Ele promete ouvir suas orações e te revelar coisas que você ainda não consegue ver. Deus conhece seus sonhos, medos e necessidades, e Ele está sempre pronto a responder quando você busca Sua orientação. Não tenha medo de abrir seu coração em oração e confiar nas respostas que Ele te dará. Lembre-se: o que Deus tem para você vai além do que seus olhos podem enxergar agora, mas ao confiar n'Ele, você experimentará as grandes coisas que Ele preparou.

REFLEXÕES:

_____
_____
_____
_____
_____
_____
_____

11 JAN

> "*Agrada-te do Senhor, e ele satisfará os desejos do teu coração.*" Salmos, 37:4

AGRADE SEMPRE AO SENHOR

Você já parou para pensar que Deus se importa profundamente com os desejos do seu coração? Ao colocar nosso foco em agradar ao Senhor, Ele cuida de cada um dos nossos sonhos. Isso não significa que Ele vai nos dar tudo o que pedimos exatamente do nosso jeito, mas que, quando nossa vida está alinhada com Sua vontade, Ele nos dá o que realmente é melhor para nós. Então, busque sempre agradar a Deus, vivendo em obediência e confiança, sabendo que Ele conhece seus desejos e tem um plano perfeito para realizar aquilo que vai te trazer verdadeira satisfação.

DIÁRIO DE GRATIDÃO:

_____
_____
_____
_____
_____
_____
_____
_____

12 JAN

"Os que confiam no Senhor serão como o monte Sião, que não se abala, mas permanece para sempre." Salmos, 125:1

SUPERE OS OBSTÁCULOS

A confiança em Deus traz uma estabilidade que o mundo não pode oferecer. Quando sua fé está firmada no Senhor, você se torna inabalável, mesmo diante das tempestades da vida. O versículo nos compara ao monte Sião, que permanece firme. Assim é a sua vida quando você deposita sua confiança em Deus: estável, forte e segura. Não importa o que aconteça ao seu redor, você pode enfrentar tudo com a certeza de que Ele está te sustentando. Lembre-se de que essa confiança não depende das circunstâncias, mas da fidelidade de Deus, que nunca falha.

DIÁRIO DE GRATIDÃO:

_____
_____
_____
_____
_____
_____
_____

13 JAN

"Tudo deve ser feito com decência e ordem." 1 Coríntios, 14:40

ORGANIZE-SE SEMPRE!

A organização nas tarefas diárias é fundamental para manter a paz em meio às responsabilidades. Este versículo nos ensina que Deus valoriza a ordem em tudo o que fazemos. Quando você se organiza, seja em casa, no trabalho ou nas suas atividades pessoais, está aplicando um princípio divino. A organização te ajuda a equilibrar suas prioridades, a reduzir o estresse e a ser mais eficiente. Lembre-se de que, com planejamento, você consegue realizar suas tarefas com mais tranquilidade, dando o seu melhor em cada área. Ao buscar essa ordem, você também reflete a sabedoria de Deus no seu dia a dia.

MOTIVOS PARA ORAR:

_____
_____
_____
_____
_____
_____
_____

14 JAN

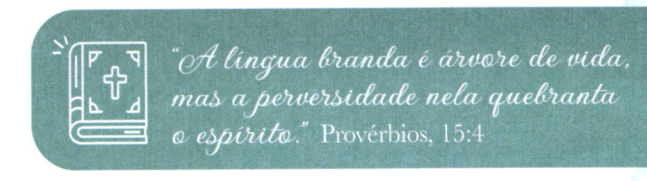

"A língua branda é árvore de vida, mas a perversidade nela quebranta o espírito." Provérbios, 15:4

FUJA DE FOFOCAS

A forma como usamos nossas palavras tem um grande impacto, tanto em nós quanto nos outros. Participar de fofocas pode parecer inofensivo, mas esse hábito destrói relacionamentos e machuca corações. Deus nos chama a usar nossa língua para o bem, trazendo vida e cura com palavras de amor e encorajamento. Evitar fofocas é uma maneira de preservar a paz ao nosso redor e refletir o caráter de Cristo. Escolha ser aquela que espalha bondade e edificação, e não aquela que enfraquece o espírito das pessoas. Lembre-se de que suas palavras podem ser uma verdadeira árvore de vida para quem te ouve.

REFLEXÕES:

15 JAN

"Agora, pois, nenhuma condenação há para os que estão em Cristo Jesus, que não andam segundo a carne, mas segundo o Espírito." Romanos, 8:1

CHEGA DE SE SENTIR CULPADA

O sentimento de culpa pode ser pesado, não é? Mas saiba que, em Cristo, você não precisa carregar essa carga. Quando entregamos nossa vida a Jesus, Ele nos liberta de toda condenação. Isso significa que o passado, os erros e os fracassos não definem mais quem você é. Deus te oferece perdão e uma nova chance a cada dia. Se a culpa tentar te paralisar, lembre-se de que, em Cristo, você é perdoada e amada. Viva na liberdade que Ele conquistou por você e deixe que a graça de Deus te guie, em vez de se prender ao peso do passado.

DIÁRIO DE GRATIDÃO:

16 JAN

"Sonda-me, ó Deus, e conhece o meu coração; prova-me, e conhece os meus pensamentos."
Salmos, 139:23

BUSQUE SE CONHECER

O autoconhecimento é uma jornada essencial para nosso crescimento espiritual. Quando pedimos a Deus que sonde nosso coração, estamos buscando entender quem somos e como podemos melhorar. É importante refletir sobre nossos pensamentos, motivações e atitudes, pois isso nos ajuda a lidar com nossas fraquezas e a desenvolver nossas forças. Ao permitir que Deus revele o que está no nosso íntimo, conseguimos enxergar com mais clareza os caminhos que devemos seguir. Quanto mais nos conhecemos, mais nos aproximamos do propósito que Ele tem para nossas vidas, vivendo de forma plena e consciente.

DIÁRIO DE GRATIDÃO:

_____
_____
_____
_____
_____
_____
_____

"O homem perverso levanta a contenda, e o difamador separa os maiores amigos." Provérbios, 16:28

17 JAN

NÃO CULTIVE A CALÚNIA

Nossas palavras têm um impacto profundo, e a calúnia pode causar danos irreparáveis nos relacionamentos. É importante lembrar que, como mulheres de Deus, devemos usar nossa língua para edificar, não para destruir. A fofoca e a calúnia semeiam discórdia e podem separar até mesmo as amizades mais fortes. Antes de falar algo sobre outra pessoa, reflita se isso é verdade, necessário e edificante. Peça a Deus discernimento para usar suas palavras com sabedoria e amor, sempre buscando a paz e o respeito ao próximo. Lembre-se de que palavras bondosas são sementes que florescem em bons relacionamentos.

MOTIVOS PARA ORAR:

_____
_____
_____
_____
_____
_____

18 JAN

"Os céus declaram a glória de Deus e o firmamento anuncia a obra das suas mãos." Salmos, 19:1

CONECTE-SE COM A NATUREZA

O contato com a natureza nos lembra da grandiosidade e do cuidado de Deus em cada detalhe da criação. Quando você se permite passar um tempo ao ar livre, observa as maravilhas que Ele criou e sente a paz que só o Criador pode oferecer. A natureza nos reconecta com o Senhor, trazendo uma sensação de renovação e tranquilidade. Por isso, faça pausas na correria do dia a dia e busque esse contato. Cada pôr do sol, árvore e rio fala sobre o cuidado de Deus e Sua presença. Deixe que esses momentos sejam uma oportunidade de agradecer e perceber que, assim como Ele cuida da criação, cuida de você também.

REFLEXÕES:

19 JAN

"A minha alma se farta, como de tutano e de gordura, e a minha boca te louva com alegres lábios." Salmos, 63:5

MENOS É MAIS: NÃO CONSUMA NADA EM EXCESSO

Em uma sociedade que constantemente nos impulsiona ao consumo exagerado, este versículo nos lembra que a verdadeira satisfação não vem de posses materiais, mas de Deus. Ele é quem preenche nossa alma com o que realmente importa. O excesso muitas vezes nos deixa mais vazias, distraindo-nos do que é essencial. Ao invés de buscar a felicidade em coisas temporárias, busque em Deus a plenitude que o mundo não pode oferecer. Quando você encontra satisfação n'Ele, percebe que não precisa de excessos para ser feliz, porque o que Ele nos dá é mais do que suficiente.

DIÁRIO DE GRATIDÃO:

20 JAN

"Em todo tempo ama o amigo, e na angústia nasce o irmão." Provérbios, 17:17

VALORIZE OS BONS AMIGOS

A verdadeira amizade é um presente de Deus, e este versículo nos lembra da importância de ter pessoas que nos amam e nos apoiam em todos os momentos, especialmente nos mais difíceis. Amigas são como irmãs que Deus coloca em nosso caminho para compartilhar alegrias, oferecer conselhos e nos levantar quando caímos. Valorize essas amizades, cultivando-as com amor, paciência e presença. Ser uma boa amiga também é um reflexo do amor de Deus em sua vida. Esteja presente, seja um ombro amigo e, acima de tudo, lembre-se de que uma amizade verdadeira é um laço que atravessa qualquer tempestade.

DIÁRIO DE GRATIDÃO:

_____
_____
_____
_____
_____
_____

21 JAN

"Os planos do diligente tendem à abundância, mas a pressa excessiva, à pobreza." Provérbios, 21:5

PLANEJE COM FÉ

Planejar o futuro é importante, e Deus valoriza essa diligência. Quando você organiza seus sonhos e metas, coloca em prática sabedoria e responsabilidade. No entanto, lembre-se de que, por mais que façamos nossos planos, devemos confiar que Deus tem o melhor para nós. Ele conhece cada detalhe do seu futuro e quer te guiar em cada decisão. Por isso, enquanto você planeja, mantenha seu coração aberto para as direções que Ele te dará. Não tenha pressa, pois a pressa pode te levar ao erro. Planeje com fé, e saiba que Deus está moldando seu futuro com perfeição.

MOTIVOS PARA ORAR:

_____
_____
_____
_____
_____
_____

22 JAN

> *"Não vos enganeis: as más conversações corrompem os bons costumes."* 1 Coríntios, 15:33

PRESERVE O SEU CORAÇÃO

Relacionamentos tóxicos podem desgastar seu coração, suas emoções e sua fé. Este versículo nos alerta que más companhias e relacionamentos que nos afetam negativamente podem nos afastar dos caminhos de Deus e corromper nossos valores. Se você está em um relacionamento que rouba sua paz e mina seu valor, é hora de refletir e se afastar. Deus quer que você esteja cercada por pessoas que te edificam e te aproximam d'Ele. Não tenha medo de se afastar de quem te faz mal. Preserve seu coração e busque relacionamentos que sejam um reflexo do amor e do respeito que você merece.

REFLEXÕES:

_____
_____
_____
_____
_____
_____
_____

23 JAN

> *"Tudo quanto te vier à mão para fazer, faze-o conforme as tuas forças."* Eclesiastes, 9:10

NÃO PROCRASTINE: VIVA O PROPÓSITO DE DEUS HOJE

Quantas vezes você adia tarefas importantes, esperando pelo momento perfeito? A verdade é que o "momento perfeito" pode nunca chegar, e Deus nos chama a agir com zelo no presente. Não deixe para amanhã o que você pode fazer hoje. Ao procrastinar, você pode perder oportunidades valiosas de crescimento e bênçãos. Faça o que precisa ser feito com dedicação, sabendo que Deus está contigo em cada passo. Quando agimos com prontidão, alinhamos nossas vidas ao propósito que Ele preparou para nós.

DIÁRIO DE GRATIDÃO:

_____
_____
_____
_____
_____
_____
_____

24 JAN

"Bendize, ó minha alma, ao Senhor! Senhor Deus meu, tu és magnificentíssimo; estás vestido d[e] glória e de majestade." Salmos, 104:1

CUIDE-SE BEM!

Cuidar da sua aparência não é futilidade, é também uma forma de se valorizar e refletir o cuidado que Deus tem por você. Quando você se cuida, está honrando o templo do Espírito Santo, que é seu corpo. Isso não significa se prender a padrões impostos, mas sim buscar um equilíbrio saudável entre aparência, autoestima e bem-estar. Cuide-se por dentro e por fora, lembrando-se de que sua verdadeira beleza está em seu coração, mas seu exterior também reflete a pessoa única que Deus criou.

DIÁRIO DE GRATIDÃO:

_____
_____
_____
_____
_____
_____
_____

"Honra a teu pai e a tua mãe, para que se prolonguem os teus dias na terra que o Senhor teu Deus te dá." Êxodo, 20:12

25 JAN

HONRE PAI E MÃE

Honrar seus pais é mais do que um mandamento, é um princípio que carrega bênçãos. Mesmo quando surgem diferenças, o respeito e a gratidão por aqueles que te deram a vida são atitudes que agradam a Deus. Honrar significa agir com amor, consideração e cuidado, refletindo o caráter de Cristo. Se seus pais ainda estão vivos, mostre sua gratidão com gestos e palavras. Se já partiram, honre-os com seu legado e memórias. Esse respeito fortalece sua vida espiritual e é um testemunho de obediência a Deus.

MOTIVOS PARA ORAR:

_____
_____
_____
_____
_____
_____

26 JAN

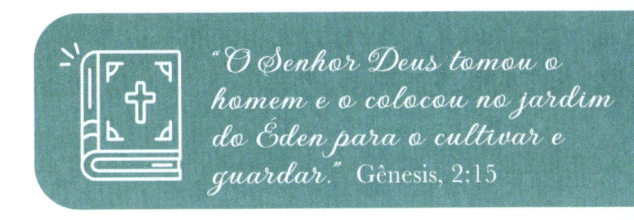

"O Senhor Deus tomou o homem e o colocou no jardim do Éden para o cultivar e guardar." Gênesis, 2:15

PRESERVE O MEIO AMBIENTE

Cuidar do meio ambiente é cuidar da criação de Deus. Ele nos confiou o papel de guardiãs da terra, e isso inclui o cuidado com os recursos naturais. Cada pequena ação, como reciclar, economizar água ou evitar o desperdício, é uma maneira de honrar o planeta que Deus nos deu. Sua responsabilidade não se limita à sua casa, mas também se estende ao mundo ao seu redor. Quando cuidamos do meio ambiente, estamos demonstrando gratidão e respeito pelo que Deus criou para o nosso bem.

REFLEXÕES:

_____
_____
_____
_____
_____
_____

"Aprendei a fazer o bem; praticai o que é reto; ajudai o oprimido; fazei justiça ao órfão, tratai da causa das viúvas." Isaías, 1:17

27 JAN

NÃO COMETA INJUSTIÇAS

Deus é justo, e Ele nos chama a viver com integridade, tratando todos ao nosso redor com justiça e retidão. Não devemos fechar os olhos para a injustiça ou agir de forma desonesta. Seja em grandes decisões ou nas pequenas atitudes do dia a dia, Deus nos ensina a fazer o que é certo. Ao praticar a justiça, estamos refletindo o coração de Deus e construindo um mundo melhor para todos. Lembre-se: viver com justiça é ser uma luz em um mundo que muitas vezes se esquece de fazer o bem.

DIÁRIO DE GRATIDÃO:

_____
_____
_____
_____
_____
_____
_____
_____

28 JAN

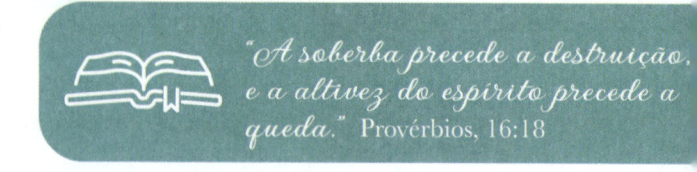

"A soberba precede a destruição, e a altivez do espírito precede a queda." Provérbios, 16:18

CUIDADO COM SEU EGO

A humildade é uma virtude preciosa aos olhos de Deus. O ego pode nos levar a pensar que somos autossuficientes, mas isso nos afasta de reconhecer que dependemos de Deus para tudo. Quando nos tornamos arrogantes, colocamos em risco nossos relacionamentos e até nosso propósito. Peça a Deus um coração humilde, que reconheça suas limitações e dependa d'Ele. O verdadeiro valor está em saber que nossa força vem do Senhor, e não em nos exaltarmos. Cuide para que o ego não te distancie das bênçãos que Deus tem para você.

DIÁRIO DE GRATIDÃO:

_____
_____
_____
_____
_____
_____

"Lança o teu cuidado sobre o Senhor, e ele te susterá; nunca permitirá que o justo seja abalado." Salmos, 55:22

29 JAN

BUSQUE REFÚGIO NO SENHOR PARA NÃO CAIR NA DEPRESSÃO

A depressão pode nos fazer sentir isoladas e sem esperança, mas Deus nos convida a lançar sobre Ele todas as nossas preocupações. Não carregue sozinha o peso das suas angústias. Quando você se sente sobrecarregada, lembre-se de que Deus está pronto para te sustentar e te ajudar a enfrentar os momentos mais sombrios. Ele nunca te deixará abalada. Busque refúgio na oração, na Palavra e em pessoas que possam te apoiar. O Senhor é o seu maior refúgio, e com Ele você pode encontrar a força para vencer os dias difíceis.

MOTIVOS PARA ORAR:

_____
_____
_____
_____
_____
_____

30 JAN

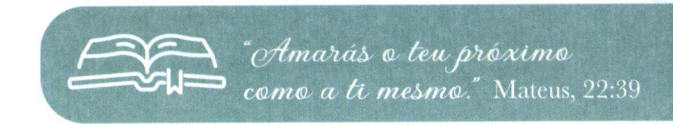

"Amarás o teu próximo como a ti mesmo." Mateus, 22:39

RESPEITE O PRÓXIMO

Respeitar e amar o próximo é um reflexo direto do nosso amor por Deus. Quando você trata os outros com dignidade, paciência e respeito, está cumprindo um dos maiores mandamentos que Jesus nos deixou. O amor ao próximo não é apenas um sentimento, mas uma atitude diária que se reflete em como você fala, age e cuida das pessoas ao seu redor. Seja luz na vida dos outros, respeitando suas diferenças, oferecendo apoio e espalhando o amor de Cristo através de suas ações. Quando você ama o próximo, está honrando o coração de Deus.

REFLEXÕES:

_____

_____

_____

_____

_____

_____

_____

"O rico domina sobre os pobres, e o que toma emprestado é servo do que empresta." Provérbios, 22:7

31 JAN

TENHA SABEDORIA E DISCIPLINA FINANCEIRA

As dívidas podem ser um grande peso, afetando sua paz e bem-estar. Deus nos ensina a sermos sábias e prudentes com nossas finanças, evitando cair na servidão ao débito. Se você está enfrentando dificuldades financeiras, peça sabedoria a Deus para administrar o que Ele te deu. Comece organizando suas finanças, cortando gastos desnecessários e priorizando o que é essencial. Com disciplina e fé, você pode sair das dívidas e viver com mais tranquilidade, confiando que Deus provê para suas necessidades quando seguimos os princípios de sabedoria financeira.

DIÁRIO DE GRATIDÃO:

_____

_____

_____

_____

_____

_____

_____

Fevereiro

1º FEV

SEJA DIGNA!

Vestir-se de dignidade significa reconhecer o valor que Ele nos deu, independentemente das circunstâncias. Ao não nos preocuparmos com o futuro, confiamos que o Senhor cuida de cada detalhe. O amanhã não precisa ser uma fonte de ansiedade, mas sim de esperança. Que você, como uma mulher forte, revista-se diariamente dessa dignidade, sabendo que Deus está no controle de tudo. Deixe a paz d'Ele guiar seus passos e sua confiança no futuro.

> "A força e a dignidade são os seus vestidos, e, quanto ao dia de amanhã, não tem preocupações."
> Provérbios, 31:25

DIÁRIO DE GRATIDÃO:

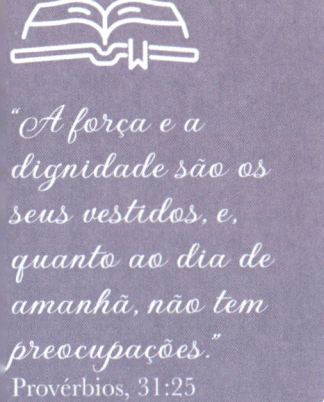

MOTIVOS PARA ORAR:

Aponte a câmera do seu celular para este QR Code e faça atividades complementares para aplicar esta reflexão de forma prática em seu dia a dia!

2 FEV

"Aquietai-vos e sabei que eu sou Deus." Salmos, 46:10

NÃO TENHA MEDO DO MUNDO COMPETITIVO

Em um mundo que exige tanto de nós, onde a competitividade parece estar em todos os lugares, é fácil perder o equilíbrio e nos sentirmos pressionadas. Este versículo nos lembra da importância de encontrar momentos de paz e confiança em Deus. Não precisamos estar constantemente em movimento ou provar nosso valor a todo instante. Ao aquietar o coração, encontramos força e direção. Lembrar que Deus está no controle nos ajuda a desacelerar e a confiar que nosso valor não está no que fazemos, mas em quem somos n'Ele.

DIÁRIO DE GRATIDÃO:

---

3 FEV

"O coração em paz dá vida ao corpo, mas a inveja apodrece os ossos." Provérbios, 14:30

ACREDITE, A GRAMA DO VIZINHO NÃO É MAIS VERDE DO QUE A SUA

A inveja é um sentimento que pode nos corroer por dentro, tirando nossa paz e nos afastando da gratidão. Quando olhamos para a vida dos outros com desejo de ter o que eles possuem, esquecemos das bênçãos que Deus já colocou em nosso caminho. O segredo para lidar com a inveja é cultivar um coração em paz, que confia no tempo e nos planos de Deus para cada uma de nós. A verdadeira satisfação vem quando paramos de comparar e começamos a valorizar a nossa própria jornada.

MOTIVOS PARA ORAR:

---

4 FEV

"Os planos bem elaborados levam à fartura; mas o apressado sempre acaba na miséria." Provérbios, 21:5

CUMPRA METAS COM FÉ E DETERMINAÇÃO

Conquistar metas exige planejamento, dedicação e paciência. Este versículo nos ensina que, ao elaborar nossos planos com cuidado e perseverança, somos levadas ao sucesso. A pressa, no entanto, nos leva a tomar decisões impensadas, desviando-nos do caminho. Em um mundo onde somos constantemente pressionadas a obter resultados rápidos, é importante lembrar que as conquistas sólidas vêm com o tempo. Confie no processo, faça planos com sabedoria e mantenha a determinação, sabendo que Deus guia seus passos rumo à fartura.

REFLEXÕES:

_____
_____
_____
_____
_____
_____
_____

5 FEV

"Mas bendito é o homem cuja confiança está no Senhor, cuja confiança nele está." Jeremias, 17:7

ALCANCE SUA PROSPERIDADE

A verdadeira prosperidade começa quando depositamos nossa confiança em Deus. Em um mundo que frequentemente associa prosperidade a bens materiais, é essencial lembrar que prosperar vai além disso. Prosperar é viver em paz, com propósito e plenitude. Quando colocamos nossas vidas nas mãos do Senhor, Ele nos guia, abre portas e nos abençoa em todas as áreas, inclusive no trabalho e nos relacionamentos. A confiança em Deus é o alicerce que nos sustenta, fazendo florescer nossos sonhos de forma saudável e duradoura.

DIÁRIO DE GRATIDÃO:

_____
_____
_____
_____
_____
_____
_____

6 FEV

"Mas aquele que perseverar até o fim será salvo." Mateus, 24:13

SEJA PERSISTENTE

A vida é cheia de desafios e momentos que testam sua fé e determinação. Persistir não é fácil, especialmente quando parece que as dificuldades nunca acabam. Mas lembre-se: a perseverança é uma escolha diária e uma prova de sua fé em Deus. Ele vê o esforço que você faz e caminha ao seu lado em cada batalha. Não desanime! Mesmo quando o caminho parecer longo, sua vitória está reservada. Seguir firme, mesmo nas tempestades, é o que te levará ao propósito que Ele tem para você. Persevere!

DIÁRIO DE GRATIDÃO:

_____
_____
_____
_____
_____
_____

"Tudo o que vier às suas mãos para fazer, faça-o com todo o seu empenho, pois na sepultura, para onde você vai, não há atividade nem planejamento." Eclesiastes 9:10

7 FEV

TENHA MAIS PRODUTIVIDADE

A produtividade verdadeira vai além de realizar tarefas rapidamente; ela está em fazer tudo com excelência e propósito. Quando encaramos nosso trabalho como uma forma de honrar a Deus, isso transforma nossa motivação e dedicação. O esforço diário ganha significado quando é feito para o Senhor, e não apenas para agradar às pessoas. Assim, ao focar no coração com que realizamos nossas atividades, encontramos a satisfação e o sucesso que vêm de saber que Deus vê e abençoa cada esforço feito com integridade e empenho.

MOTIVOS PARA ORAR:

_____
_____
_____
_____
_____
_____

8 FEV

"Quem anda com os sábios será sábio, mas o companheiro dos tolos sofre aflição." Provérbios, 13:20

ESCOLHA COM SABEDORIA QUEM ESTÁ AO SEU LADO

As pessoas que nos cercam têm um impacto profundo em nossas vidas. Este versículo ressalta a importância de escolher com sabedoria quem está ao nosso lado. Ao caminhar com pessoas que compartilham dos mesmos valores e propósitos, crescemos e nos tornamos mais fortes. Por outro lado, aqueles que não somam em nossas vidas podem nos desviar do caminho correto. Reflita sobre quem está em sua jornada e busque sempre estar perto de quem edifica, inspira e ajuda você a ser sua melhor versão.

REFLEXÕES:

_____
_____
_____
_____
_____
_____
_____

9 FEV

"Melhor é a repreensão franca do que o amor encoberto. Leais são as feridas feitas pelo que ama, porém os beijos de quem odeia são enganosos." Provérbios, 27:5-6

CULTIVE AMIZADES QUE EDIFIQUEM

Boas amizades são aquelas que falam a verdade em amor e nos ajudam a crescer. Amigos que apenas nos elogiam ou encobrem nossas falhas, sem nos ajudar a melhorar, podem nos afastar da nossa melhor versão. Cultivar boas amizades exige abrir espaço para a verdade, para que as pessoas que amam você possam ser sinceras. As amizades que edificam são presentes de Deus, e, com elas, você poderá crescer espiritual e emocionalmente, sabendo que essas pessoas querem o seu bem, mesmo quando dizem algo difícil de ouvir.

DIÁRIO DE GRATIDÃO:

_____
_____
_____
_____
_____
_____
_____
_____

10 FEV

"O Senhor está perto dos que têm o coração quebrantado e salva os de espírito abatido." Salmos, 34:18

ENFRENTE AS DECEPÇÕES COM ESPERANÇA

Decepções fazem parte da vida, e lidar com elas nem sempre é fácil. Este versículo nos conforta, lembrando que Deus está perto de nós em momentos de dor e tristeza. Quando nos sentimos decepcionadas, é importante lembrar que isso não define nosso valor ou o que está por vir. Em vez de deixar a decepção nos abater, devemos confiar que Deus é nosso refúgio, trazendo consolo e cura. Ele transforma nossa dor em aprendizado e nos ajuda a seguir em frente, mais fortes e sábias, com esperança renovada.

DIÁRIO DE GRATIDÃO:

"Mas os que esperam no Senhor renovarão as suas forças, subirão com asas como águias; correrão, e não se cansarão; caminharão, e não se fatigarão." Isaías, 40:31

11 FEV

SEJA FORTE!

Sentir-se fraca ou desanimada é natural, mas este versículo nos lembra que a verdadeira força vem de Deus. Quando esperamos e confiamos n'Ele, nossas forças são renovadas. Assim como a águia que voa alto e forte, podemos enfrentar os desafios da vida com vigor e determinação. Sentir-se mais forte não é apenas questão de capacidade física ou emocional, mas de depender do Senhor para renovar nossas energias diariamente. Quando você entrega suas preocupações a Ele, sua força interior se multiplica, e você consegue superar qualquer obstáculo.

MOTIVOS PARA ORAR:

12 FEV

"Certamente, ele tomou sobre si as nossas enfermidades e sobre si levou as nossas doenças." Isaías, 53:4

ENCONTRE REFÚGIO EM DEUS DURANTE A ENFERMIDADE

Lidar com uma enfermidade pode trazer medo e insegurança, mas este versículo nos lembra que Jesus já carregou nossas dores e enfermidades na cruz. Isso não significa que nunca enfrentaremos dificuldades físicas, mas que, em cada momento de dor, Ele está conosco. Ao entregar sua saúde nas mãos do Senhor, você encontrará força, consolo e paz, sabendo que Ele é o Deus que cura. Permita que a fé seja seu alicerce durante a enfermidade, confiando que Deus está presente em cada etapa do processo de cura.

REFLEXÕES:

_____
_____
_____
_____
_____
_____
_____
_____

"Muitas são as aflições do justo, mas o Senhor o livra de todas." Salmos, 34:19

13 FEV

CONFIE EM DEUS QUANDO TUDO PARECE DAR ERRADO

Há dias em que parece que nada dá certo, e o desânimo pode tomar conta. Acredite, mesmo sendo justos, enfrentaremos aflições, mas Deus promete nos livrar de todas. Quando tudo parece dar errado, em vez de se desesperar, volte-se para o Senhor. Ele tem o controle de todas as situações e, mesmo que os desafios pareçam insuperáveis, Deus está trabalhando em seu favor. Confie que, por mais difíceis que sejam as circunstâncias, o Senhor está presente e trará a solução no tempo certo.

DIÁRIO DE GRATIDÃO:

_____
_____
_____
_____
_____
_____
_____
_____

14 FEV

"Há tempo para todo propósito debaixo do céu." Eclesiastes, 3:1

ACEITE O FIM DE UM CICLO

Saber que um ciclo chegou ao fim pode ser difícil, seja em relacionamentos, trabalho ou projetos, porém há um tempo determinado para cada fase da vida. Quando percebemos que algo está chegando ao fim, é importante aceitar com fé e sabedoria, confiando que Deus está preparando algo novo e melhor. Nem todo fim é perda, muitas vezes é uma oportunidade para recomeçar com novos aprendizados. Confie que o Senhor está guiando seus passos para um propósito maior, mesmo quando é tempo de deixar algo para trás.

DIÁRIO DE GRATIDÃO:

"Descanse no Senhor e aguarde por ele com paciência." Salmos, 37:7

15 FEV

SEJA PACIENTE!

Cultivar a paciência pode ser desafiador, especialmente em um mundo que nos estimula a buscar resultados rápidos. Este versículo nos convida a descansar no Senhor, confiando que Ele está agindo em nosso favor, mesmo quando as respostas parecem demorar. A paciência é um ato de fé que nos ensina a esperar no tempo de Deus, que é sempre perfeito. Em vez de se desesperar ou apressar as coisas, confie que o Senhor tem o controle de tudo e que, no momento certo, as bênçãos e soluções chegarão.

MOTIVOS PARA ORAR:

16 FEV

> "Se Deus é por nós, quem será contra nós?" Romanos, 8:31

NÃO SE DEIXE PARALISAR!

Nas situações difíceis, o medo e a insegurança podem nos paralisar, mas confiar que Deus está ao nosso lado muda nossa postura. Enfrentar desafios não significa que estamos sozinhas. Quando você se posiciona com fé, reconhecendo que Deus é por você, isso lhe dá coragem para agir, falar e decidir com confiança. Em vez de hesitar ou se acovardar, mantenha-se firme, sabendo que sua força vem do Senhor, e Ele nunca a deixará enfrentar as batalhas sozinha. Com Deus ao seu lado, você pode enfrentar qualquer dificuldade.

REFLEXÕES:

17 FEV

> "Nenhuma disciplina parece ser motivo de alegria [...], mas depois produz um [fruto] pacífico de justiça aos exercitados [por] ela." Hebreus, 12:11

EDUQUE COM AMOR, MAS NÃO MIME DEMAIS

Mimar excessivamente os filhos pode parecer uma expressão de amor, mas a verdadeira demonstração de carinho está na disciplina. Criar limites é ensinar responsabilidade e preparar os filhos para a vida. Quando evitamos a correção, tiramos deles a chance de crescer com caráter e sabedoria. A disciplina não é punição, mas um ato de amor que guia e corrige, permitindo que eles desenvolvam autocontrole e respeito. Com equilíbrio e firmeza, é possível ensinar valores que serão fundamentais para a vida adulta de seus filhos.

DIÁRIO DE GRATIDÃO:

18 FEV

"Em tudo, dai graças, porque esta é a vontade de Deus para vocês em Cristo Jesus." 1 Tessalonicenses, 5:18

PARE DE SE VITIMIZAR E AGRADEÇA EM TODAS AS CIRCUNSTÂNCIAS

É fácil cair na armadilha de se vitimizar diante das dificuldades, mas isso nos impede de crescer e ver o que Deus está fazendo em nossas vidas. Em vez de se concentrar no que falta ou no que deu errado, comece a dar graças, mesmo nas situações desafiadoras. A gratidão muda a perspectiva e nos ajuda a reconhecer as bênçãos presentes, mesmo nos momentos difíceis. Quando você deixa de se vitimizar e escolhe agradecer, abre espaço para que Deus trabalhe em sua vida, transformando desafios em oportunidades de crescimento.

DIÁRIO DE GRATIDÃO:

---

19 FEV

"Cada um examine os próprios atos, e então poderá orgulhar-se de si mesmo, sem se comparar com ninguém." Gálatas, 6:4

ASSUMA A RESPONSABILIDADE E PARE DE CULPAR OS OUTROS

É comum culpar os outros por nossas falhas, mas isso nos impede de crescer e aprender com os erros. Quando você assume a responsabilidade pelos próprios atos, passa a ter o poder de mudar e melhorar. Examinar suas ações com honestidade e sem comparação com os outros permite que você avance de forma madura e consciente. Culpar terceiros só prolonga a estagnação. O verdadeiro crescimento começa quando deixamos de buscar culpados e, com humildade, aceitamos as falhas como parte do processo de aprendizado.

MOTIVOS PARA ORAR:

20 FEV

> "O coração do prudente adquire conhecimento, e o ouvido dos sábios busca o conhecimento." Provérbios, 18:15

NÃO SEJA TÃO SENSÍVEL AOS ACONTECIMENTOS

Ser sensível aos acontecimentos ao nosso redor pode nos deixar vulneráveis e reativas. A sabedoria bíblica nos ensina a buscar conhecimento e entender as situações com um coração prudente. Ao aprender a não reagir impulsivamente aos desafios ou às palavras dos outros, você se torna mais equilibrada. Quando sua mente e coração estão firmes na verdade de Deus, você consegue interpretar os acontecimentos de forma mais calma e madura, evitando ser dominada pelas emoções passageiras.

REFLEXÕES:

21 FEV

> "A resposta branda desvia o furor, mas a palavra dura suscita a ira." Provérbios, 15:1

PRATIQUE A GENTILEZA PARA TRANSFORMAR SITUAÇÕES DIFÍCEIS

Ser gentil é mais do que agir com delicadeza; é responder com brandura, mesmo quando os outros são rudes ou agressivos. A gentileza tem o poder de acalmar conflitos e transformar situações tensas. Quando você opta por dar uma resposta suave e não retribuir com aspereza, promove paz e entendimento. Gentileza é uma virtude que reflete o amor de Deus, e quando a cultivamos em nossas atitudes, tornamos o ambiente ao nosso redor mais harmonioso, ajudando a trazer reconciliação e unidade.

DIÁRIO DE GRATIDÃO:

22 FEV

"O tolo dá vazão à sua ira, mas o sábio domina-se." Provérbios, 29:11

EVITE BRIGAS E CONFLITOS COM AUTOCONTROLE

Evitar brigas e conflitos começa com o autocontrole. Ao lidar com situações que provocam irritação ou frustração, a sabedoria está em não dar vazão à raiva. O sábio sabe que nem toda situação exige uma reação imediata ou dura. Quando você domina suas emoções e opta por responder com calma, evita muitos conflitos desnecessários. Brigas não constroem relacionamentos saudáveis, mas o autocontrole e a paciência são chaves para manter a paz e fortalecer os laços com as pessoas ao seu redor.

DIÁRIO DE GRATIDÃO:

"Melhor é o homem paciente do que o guerreiro, mais vale controlar o seu espírito do que conquistar uma cidade." Provérbios, 16:32

23 FEV

DESENVOLVA A SUA INTELIGÊNCIA EMOCIONAL

Inteligência emocional é a habilidade de controlar suas emoções em vez de ser controlada por elas. A paciência e o controle sobre o próprio espírito são mais valiosos do que qualquer vitória externa. Enfrentar as batalhas internas e escolher agir com discernimento e calma, em vez de reagir impulsivamente, demonstra maturidade e força. Quando você domina suas emoções, tem o poder de influenciar positivamente as situações e relações ao seu redor, tornando-se uma pessoa mais equilibrada e sábia.

MOTIVOS PARA ORAR:

---

24 FEV

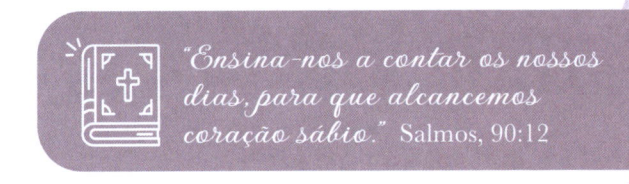

"Ensina-nos a contar os nossos dias, para que alcancemos coração sábio." Salmos, 90:12

APROVEITE O SEU TEMPO

REFLEXÕES:

A vida passa rapidamente, e a correria do dia a dia pode nos fazer perder de vista o que realmente importa. Pedir a Deus sabedoria para contar os dias é buscar viver com propósito e discernimento. Ao reconhecer que o tempo é limitado, você aprende a valorizar cada momento e priorizar o que tem valor eterno. Use o tempo com sabedoria, focando no que edifica, alimenta sua fé e fortalece seus relacionamentos. Não permita que a velocidade da vida a faça esquecer das bênçãos diárias e do propósito que Deus tem para você.

25 FEV

"Lancem sobre ele toda a sua ansiedade, porque ele tem cuidado de vocês." 1 Pedro, 5:7

EVITE O ESTRESSE NO DIA A DIA

DIÁRIO DE GRATIDÃO:

O estresse pode tomar conta do nosso dia a dia quando tentamos carregar sozinhas o peso das preocupações. Deus nos convida a lançar sobre Ele todas as ansiedades, pois Ele cuida de nós com amor e atenção. Ao entregar suas preocupações a Deus, você encontra descanso e alívio para sua mente e coração. Evitar o estresse não significa evitar responsabilidades, mas confiar que Deus está no controle e que Ele sempre proverá forças para enfrentar cada desafio, um dia de cada vez.

26 FEV

"De manhã ouves, Senhor, o meu clamor; de manhã te apresento a minha oração e aguardo com esperança." Salmos, 5:3

BUSQUE A DEUS AO INICIAR O DIA

O melhor momento para falar com Deus é no início do dia, quando você ainda está se preparando para os desafios e oportunidades que virão. Ao apresentar suas orações e clamar por orientação logo pela manhã, você alinha seu coração com a vontade de Deus e se fortalece para tudo o que virá. Esse hábito diário de buscar ao Senhor com esperança trará paz e clareza. Conversar com Deus ao acordar transforma sua perspectiva e renova suas forças para enfrentar o dia com confiança e fé.

DIÁRIO DE GRATIDÃO:

"Mas quem observa a lei é feliz; quem bem a pratica será bem-sucedido em tudo o que fizer." Tiago, 1:25

27 FEV

FORTALEÇA SUA DETERMINAÇÃO COM A PALAVRA DE DEUS

Determinação vem quando focamos em cumprir aquilo que sabemos ser correto, e a Palavra de Deus é o guia perfeito para isso. Ao observar e praticar os princípios da Bíblia, você se torna mais determinada e firme em seus objetivos. A prática da Palavra não apenas fortalece sua fé, mas também traz sabedoria e prosperidade. Quando sua determinação está enraizada no propósito de Deus, você se torna capaz de perseverar mesmo diante das dificuldades, sabendo que sua força vem do Senhor.

MOTIVOS PARA ORAR:

28 FEV

DESCUBRA SEU PROPÓSITO E VIVA PLENAMENTE

"Pois somos criação de Deus realizada em Cristo Jesus para fazermos boas obras, as quais Deus preparou de antemão para que nós as praticássemos."
Efésios, 2:10

Encontrar o propósito na vida é descobrir o que Deus já planejou para você. Seu caminho não é um acaso, mas parte de um plano divino cheio de esperança e futuro. Muitas vezes, a felicidade parece difícil de alcançar porque estamos buscando nos lugares errados ou com foco em padrões que não refletem o que Deus quer para nós. A verdadeira felicidade vem quando você se alinha aos planos que Ele tem para sua vida, usando seus dons e talentos para cumprir um propósito maior. Confie que Deus já traçou um caminho para seu sucesso e prosperidade, e ao segui-lo, você experimentará plenitude e alegria.

DIÁRIO DE GRATIDÃO:

_____
_____
_____
_____

REFLEXÕES:

_____
_____
_____
_____
_____
_____

Março

1º MAR

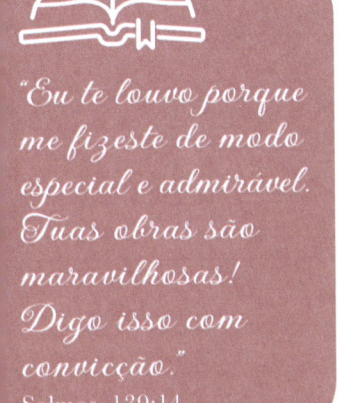

VALORIZE QUEM VOCÊ É E AUMENTE SUA AUTOESTIMA

Aumentar a autoestima começa com a consciência de que fomos criadas por Deus de maneira única e admirável. A comparação com padrões externos nos afasta do verdadeiro valor que possuímos. Ao reconhecer que somos obra das mãos de Deus, começamos a enxergar a beleza e o propósito que Ele colocou em cada uma de nós. Valorize quem você é, celebre suas qualidades e confie no amor de Deus, que a criou com propósito e intencionalidade. Isso é fundamental para fortalecer sua autoestima.

"Eu te louvo porque me fizeste de modo especial e admirável. Tuas obras são maravilhosas! Digo isso com convicção."
Salmos, 139:14

MOTIVOS PARA ORAR:

DIÁRIO DE GRATIDÃO:

Aponte a câmera do seu celular para este QR Code e faça atividades complementares para aplicar esta reflexão de forma prática em seu dia a dia!

2 MAR

"Orem continuamente."
1 Tessalonicenses, 5:17

DIA DA ORAÇÃO: FORTALEÇA SEU RELACIONAMENTO COM DEUS

A oração é o canal de comunicação mais direto com Deus. No dia da oração, lembre-se da importância de manter esse diálogo constante com o Senhor. A oração não apenas aproxima você de Deus, mas também renova suas forças e dá clareza diante dos desafios. Orar continuamente, em todas as circunstâncias, é uma forma de entregar seus fardos e buscar orientação para suas decisões diárias. Ao tornar a oração uma prática diária, você desenvolve uma relação mais profunda com Deus e encontra paz.

DIÁRIO DE GRATIDÃO:

_____
_____
_____
_____
_____
_____
_____
_____

"Assim como vocês querem que os outros lhes façam, façam também vocês a eles." Lucas 6:31

3 MAR

CULTIVE O DIÁLOGO EM SEUS RELACIONAMENTOS

O diálogo é essencial para qualquer relacionamento saudável. Ter uma comunicação aberta, respeitosa e honesta permite que os laços entre você e os outros se fortaleçam. Quando nos colocamos no lugar do outro e falamos com gentileza e compreensão, evitamos mal-entendidos e conflitos desnecessários. O diálogo é um pilar que sustenta a confiança e a intimidade, seja nos relacionamentos amorosos, familiares ou de amizade. Pratique o diálogo consciente e veja seus relacionamentos florescerem.

MOTIVOS PARA ORAR:

_____
_____
_____
_____
_____
_____
_____
_____

4 MAR

"O prudente vê o mal e esconde-se, mas os simples passam adiante e sofrem a pena." Provérbios, 22:3

CARNAVAL: DIVIRTA-SE COM SABEDORIA E PRUDÊNCIA

O carnaval é um tempo de alegria, mas é importante se divertir com sabedoria. A prudência nos protege de situações perigosas e nos ajuda a fazer escolhas conscientes. Nem tudo o que é popular ou amplamente aceito reflete os valores que queremos para nossas vidas. Divirta-se de maneira saudável, respeitando seus limites e princípios. Sabedoria é saber discernir o que edifica e o que pode causar danos, e essa mesma sabedoria deve guiar nossas decisões, mesmo em tempos de festa e celebração.

REFLEXÕES:

_____
_____
_____
_____
_____
_____
_____

5 MAR

"Lembra-te de que és pó e ao pó voltarás." Gênesis, 3:19

ENTENDA O SIGNIFICADO DA QUARTA-FEIRA DE CINZAS

A quarta-feira de cinzas nos lembra da nossa fragilidade humana e da necessidade de refletirmos sobre nossa jornada espiritual. Na Bíblia, o uso de cinzas representa arrependimento e humildade diante de Deus. Este é um tempo para reavaliar as escolhas e buscar uma vida alinhada com a vontade de Deus, reconhecendo nossa dependência d'Ele. Não se trata de um simples ritual, mas de uma oportunidade de começar de novo com um coração sincero e disposto a caminhar mais próximo do Senhor.

DIÁRIO DE GRATIDÃO:

_____
_____
_____
_____
_____
_____
_____

6 MAR

"O corpo é o templo do Espírito Santo que habita em vocês." 1 Coríntios, 6:19

CUIDE DE SUA SAÚDE COMO UM ATO DE AMOR

Cuidar da saúde é um ato de amor-próprio e uma maneira de honrar o corpo que Deus lhe deu. Nossa saúde física impacta diretamente nossa capacidade de servir e viver com alegria. O corpo feminino passa por diversas fases e transformações, e estar atenta a esses cuidados é essencial. Não negligencie sua saúde; busque sempre acompanhamento médico, cuide da alimentação e pratique atividades que beneficiem sua saúde física e mental. Seu corpo é precioso e merece ser cuidado.

DIÁRIO DE GRATIDÃO:

7 MAR

"Deus não faz acepção de pessoas." Atos, 10:34

BUSQUE A IGUALDADE E SEJA AGENTE DE MUDANÇA

A busca pela igualdade é uma luta que deve ser conduzida com justiça e dignidade. Deus não faz distinção entre as pessoas, e todos somos iguais aos Seus olhos. Em um mundo ainda marcado por desigualdades, é essencial que mulheres lutem por seus direitos e por igualdade de oportunidades. Seja na sociedade, no trabalho ou na igreja, busque agir com justiça, sendo uma voz ativa para promover o respeito e a equidade. A verdadeira igualdade reflete o amor de Deus por todas as Suas criações.

MOTIVOS PARA ORAR:

8 MAR

> *"Ela está vestida de força e dignidade; sorri sem medo do futuro."* Provérbios, 31:25

DIA INTERN. DA MULHER: VALORIZE SUA FORÇA!

No Dia Internacional da Mulher, é essencial reconhecer a força e dignidade com que Deus vestiu cada mulher. Você é uma criação única, chamada para viver com propósito e resiliência. Assim como descrito na mulher virtuosa de Provérbios, sua capacidade de enfrentar os desafios com coragem e determinação faz de você uma peça fundamental na humanidade. O sorriso diante do futuro reflete sua confiança em Deus, que a capacita a caminhar sem medo, sabendo que seu valor vai muito além das aparências. Celebre o impacto que você causa no mundo com sua força e dignidade.

REFLEXÕES:

9 MAR

> *"Vinde a mim, todos os que estão cansados e sobrecarregados, e eu lhes darei descanso."* Mateus, 11:28

PRIORIZE O DESCANSO PARA RESTAURAR SUAS FORÇAS

O descanso não é apenas uma necessidade física, mas espiritual. Jesus nos convida a entregar nossos fardos e encontrar descanso n'Ele. A vida moderna pode ser cheia de responsabilidades, mas é essencial tirar momentos para recarregar as energias. Sem descanso, o corpo e a mente se desgastam. Busque esse tempo de repouso em Deus, confiando que Ele cuida de você. O descanso é vital para preparar seu coração para novos desafios com sabedoria e tranquilidade.

DIÁRIO DE GRATIDÃO:

10 MAR

"Os planos bem elaborados levam à fartura." Provérbios, 21:5

ADMINISTRE BEM SEUS RECURSOS

Gerir bem suas finanças é uma habilidade que pode transformar sua vida. A Bíblia fala sobre a importância de elaborar planos cuidadosos para alcançar a prosperidade. A gestão financeira sábia inclui poupar, planejar e investir com discernimento. Ao desenvolver essas habilidades, você garante segurança para o futuro e evita preocupações desnecessárias. A boa administração dos recursos que Deus colocou em suas mãos é uma forma de honrá-Lo e de construir uma vida equilibrada e próspera.

DIÁRIO DE GRATIDÃO:

_____
_____
_____
_____
_____
_____
_____

"Que ela receba a recompensa merecida, e as suas obras sejam elogiadas à porta da cidade." Provérbios, 31:31

11 MAR

EMPREENDA COM PROPÓSITO E FAÇA A DIFERENÇA

O papel da mulher no empreendedorismo vai além de gerar renda; é sobre cumprir um propósito e fazer a diferença no mundo. Ao colocar o coração e os talentos em cada projeto, você não apenas constrói algo para si, mas também glorifica a Deus com o trabalho das suas mãos. Empreender com propósito significa alinhar seus negócios aos princípios divinos, agindo com ética, respeito e amor ao próximo. Busque inovação, criatividade e perseverança, sabendo que seu trabalho pode impactar positivamente outras vidas.

MOTIVOS PARA ORAR:

_____
_____
_____
_____
_____
_____
_____

12 MAR

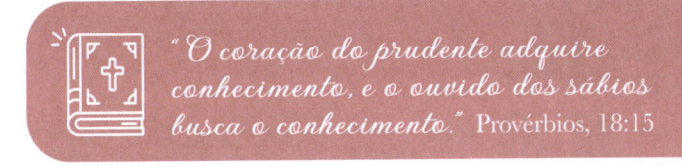

"O coração do prudente adquire conhecimento, e o ouvido dos sábios busca o conhecimento." Provérbios, 18:15

BUSQUE CONHECIMENTO PARA CRESCER EM SABEDORIA

A busca por conhecimento é uma chave para o crescimento espiritual e pessoal. O coração sábio está sempre aberto a aprender, seja por meio da Palavra de Deus ou das experiências da vida. Ao buscar o conhecimento, você se capacita para tomar decisões mais acertadas e para enfrentar os desafios com sabedoria. A verdadeira sabedoria vem de Deus e se reflete na disposição de aprender, crescer e aplicar o que foi aprendido para o bem de si mesma e dos outros ao seu redor.

REFLEXÕES:

---

13 MAR

"Não procurem somente os seus próprios interesses, mas também os dos outros." Filipenses, 2:4

COMBATA O EGOÍSMO E OLHE PARA AS NECESSIDADES DOS OUTROS

O egoísmo foca apenas em nossas próprias necessidades, mas Deus nos chama a olhar além de nós mesmas e cuidar dos outros. Quando você combate o egoísmo, abre espaço para a empatia e o amor genuíno. Em vez de se concentrar apenas em seus próprios interesses, busque oportunidades de ajudar, apoiar e servir ao próximo. A generosidade e o cuidado com os outros refletem o caráter de Cristo, trazendo alegria e sentido para sua vida e para a vida daqueles ao seu redor.

DIÁRIO DE GRATIDÃO:

14 MAR

> *"Aceitem o que é fraco na fé, sem discutir assuntos controvertidos."* Romanos, 14:1

LIDE COM AS DIFERENÇAS COM RESPEITO E TOLERÂNCIA

Lidar com as diferenças exige paciência e respeito. Cada pessoa tem seu próprio nível de entendimento e vivência, e Deus nos ensina a aceitar uns aos outros, mesmo nas discordâncias. Não é necessário concordar com tudo, mas sim respeitar as diferentes opiniões e pontos de vista. Ao cultivar a tolerância, você constrói relacionamentos mais saudáveis e contribui para um ambiente de paz. O amor ao próximo transcende as diferenças e se manifesta em gestos de respeito e aceitação.

DIÁRIO DE GRATIDÃO:

---

15 MAR

> *"Amarás o teu próximo como a ti mesmo."* Mateus, 22:39

AME O PRÓXIMO E PRATIQUE O AMOR EM AÇÃO

Amar o próximo é um mandamento que Jesus nos deixou e deve ser colocado em prática diariamente. Esse amor vai além das palavras, refletindo-se em ações concretas que demonstram cuidado, respeito e compaixão. O amor ao próximo é demonstrado ao ajudar quem está ao seu redor, ao estender a mão para quem precisa e ao ser uma presença de luz e paz na vida das pessoas. O amor transforma e aproxima você de Deus, pois é a maior expressão da Sua natureza.

MOTIVOS PARA ORAR:

16 MAR

"Quem é generoso será abençoado, pois reparte o seu pão com o pobre." Provérbios, 22:9

EXERÇA A CARIDADE E ABENÇOE A VIDA DE OUTRAS PESSOAS

A caridade é uma prática que reflete o amor de Deus em ação. Ser generosa com seu tempo, recursos e atenção é uma maneira de abençoar os outros e também de ser abençoada. Ajudar quem está em necessidade, seja financeiramente ou emocionalmente, traz luz ao mundo e mostra o coração de Deus. Ao praticar a caridade, você se torna uma fonte de esperança e inspiração, transformando vidas e cumprindo o chamado de Cristo para cuidar dos menos favorecidos.

REFLEXÕES:
_____
_____
_____
_____
_____
_____
_____

"Assim também os maridos devem amar suas esposas como a seus próprios corpos. Quem ama a sua esposa, ama a si mesmo." Efésios, 5:28

17 MAR

SEJA UMA BOA COMPANHEIRA

Ser uma boa companheira é um chamado para amar, apoiar e honrar o parceiro, assim como ele deve amar você. Um relacionamento saudável é baseado em respeito mútuo, diálogo e compromisso. Ao tratar seu parceiro com amor e gentileza, você fortalece o laço de união entre vocês. Isso não significa ser perfeita, mas estar disposta a crescer e construir uma parceria que reflita os valores de Deus. A busca pela harmonia e equilíbrio no relacionamento traz paz e prosperidade à vida em conjunto.

DIÁRIO DE GRATIDÃO:
_____
_____
_____
_____
_____
_____
_____
_____

18 MAR

"Ele cura os de coração quebrantado e cuida das suas feridas." Salmos, 147:3

SUPERE TRAUMAS COM A CURA QUE VEM DE DEUS

Os traumas da vida podem deixar feridas profundas, mas Deus é o grande curador. Ele conhece cada dor que você já enfrentou e está pronto para curar e restaurar seu coração. Entregar seus traumas a Ele é o primeiro passo para a verdadeira cura. Não é fácil, mas ao confiar nas mãos cuidadosas de Deus, você permite que Ele transforme sua dor em força. Superar traumas requer tempo, oração e fé, mas com Deus ao seu lado, você se torna mais forte e capacitada para seguir em frente, renovada.

DIÁRIO DE GRATIDÃO:

_____
_____
_____
_____
_____
_____
_____

"Não nos cansemos de fazer o bem, pois no tempo certo colheremos, se não desanimarmos." Gálatas, 6:9

19 MAR

DESENVOLVA RESILIÊNCIA E PERSEVERE DIANTE DAS DIFICULDADES

A resiliência é a capacidade de continuar, mesmo quando os desafios parecem intransponíveis. Em momentos de cansaço, Deus nos encoraja a não desistir. Cada ato de bondade, cada esforço, será recompensado no tempo certo. A resiliência nasce quando você escolhe confiar que, mesmo nos momentos de adversidade, Deus está trabalhando. Persevere, mesmo que o caminho pareça longo, sabendo que a força para continuar vem d'Ele e que a colheita virá com perseverança e fé.

MOTIVOS PARA ORAR:

_____
_____
_____
_____
_____
_____
_____

20 MAR

"Se possível, quanto depender de vocês, tenham paz com todos." Romanos, 12:18

FORTALEÇA SUAS RELAÇÕES FAMILIARES COM RESPEITO E AMOR

Relações familiares podem ser complexas, mas Deus nos chama a honrar e respeitar nossos parentes, especialmente os pais. Mesmo em situações difíceis, o amor, o perdão e a paciência são fundamentais para fortalecer os laços. Buscar a paz nos relacionamentos familiares é uma forma de honrar a Deus. Às vezes, é necessário dar o primeiro passo, com gestos de carinho, compreensão e diálogo. Ao agir com respeito e amor, você contribui para um ambiente familiar mais saudável e harmonioso.

REFLEXÕES:

"Se perdoarem as ofensas uns dos outros, o Pai celestial também lhes perdoará." Mateus, 6:14

21 MAR

PRATIQUE O PERDÃO PARA LIBERTAR SEU CORAÇÃO

O perdão é uma das práticas mais difíceis, mas também uma das mais libertadoras. Carregar ressentimentos pesa o coração e atrapalha a paz interior. Jesus nos ensina a perdoar para que também sejamos perdoados. O perdão não justifica a ação errada do outro, mas liberta você do peso da amargura. Quando você perdoa, abre espaço para a cura, a restauração e a paz. Aprenda a perdoar genuinamente, sabendo que o perdão traz liberdade e aproxima você do coração de Deus.

DIÁRIO DE GRATIDÃO:

22 MAR

"O meu coração te ouviu dizer: 'Procurem a minha face!' A tua face, Senhor buscarei!" Salmos, 27:8

DESENVOLVA SUA ESPIRITUALIDADE AO SE APROXIMAR DE DEUS

A espiritualidade é um caminho de proximidade com Deus. Ele deseja estar perto de você, mas isso exige que você também se aproxime d'Ele. Isso pode ser feito através da oração, leitura da Bíblia e meditação. Dedique tempo diariamente para se conectar com Deus e permitir que Ele fale ao seu coração. Ao buscar uma relação mais profunda com o Senhor, sua espiritualidade se fortalece, trazendo paz e clareza para enfrentar os desafios da vida. Quanto mais perto de Deus, mais você entenderá Seu propósito para sua vida.

DIÁRIO DE GRATIDÃO:

_____
_____
_____
_____
_____
_____
_____

23 MAR

"Seja a atitude de vocês a mesma de Cristo Jesus." Filipenses, 2:5

PROMOVA SORORIDADE AO SEGUIR O EXEMPLO DE CRISTO

Sororidade é o apoio e união entre mulheres, e o exemplo perfeito de como tratar os outros está em Jesus. Ele demonstrou compaixão, amor e cuidado por todos, e nós somos chamadas a fazer o mesmo. Ao praticar a sororidade, você encoraja, apoia e fortalece outras mulheres. Em vez de rivalidade, promova o respeito e a empatia, sabendo que a força da união entre mulheres é poderosa. Siga o exemplo de Cristo, tratando as outras mulheres com amor, gentileza e solidariedade.

MOTIVOS PARA ORAR:

_____
_____
_____
_____
_____
_____
_____

24 MAR

"Eu sou o Senhor, o seu Deus, que ensina o que é útil e o guia pelo caminho em que deve andar." Isaías, 48:17

OUÇA A VOZ DE DEUS PARA ENTENDER SEUS SONHOS

REFLEXÕES:

Sonhos podem ser mensagens de Deus ou reflexos de nossos desejos e preocupações. Ele é o guia perfeito para nos mostrar o caminho certo e nos ensinar o que é útil. Quando você tem sonhos, pergunte a Deus o que Ele deseja ensinar ou revelar. Busque discernimento e sabedoria para entender o que seus sonhos podem significar em sua vida. Às vezes, eles podem ser um chamado para mudar de direção, outras vezes, uma confirmação de algo que Deus já colocou em seu coração.

"Sabemos que Deus age em todas as coisas para o bem daqueles que o amam." Romanos, 8:28

25 MAR

EVITE A FRUSTRAÇÃO AO CONFIAR NOS PLANOS DE DEUS

DIÁRIO DE GRATIDÃO:

A frustração surge quando as coisas não saem conforme planejamos, mas Deus tem um plano perfeito para tudo. Confiar que Ele age para o nosso bem, mesmo quando não entendemos o processo, é o antídoto contra a frustração. Quando algo não acontece como esperado, pergunte-se o que Deus está fazendo por trás das cenas. Ao confiar que Ele está no controle, você evita a frustração e encontra paz, sabendo que, no tempo certo, tudo se alinhará de acordo com a vontade d'Ele.

26 MAR

"Bem-aventurados os que choram, porque serão consolados." Mateus, 5:4

ENCONTRE CONSOLO E PAZ AO LIDAR COM O LUTO

DIÁRIO DE GRATIDÃO:

Lidar com o luto é uma das jornadas mais difíceis da vida, mas Deus promete consolo para aqueles que choram. A dor da perda pode ser devastadora, mas em meio à tristeza, há a certeza de que Deus está presente, trazendo conforto ao coração. O luto deve ser vivido, não ignorado. Permita-se sentir, chorar e processar a dor, sabendo que o consolo vem do Senhor. Ele é o refúgio nas tempestades emocionais e traz paz ao coração, curando, aos poucos, as feridas mais profundas.

"Não se amoldem ao padrão deste mundo, mas transformem-se pela renovação da mente." Romanos, 12:2

27 MAR

LIBERE-SE DAS PRESSÕES SOCIAIS

MOTIVOS PARA ORAR:

As pressões sociais podem distorcer a forma como enxergamos nossa própria beleza e valor. Ao seguir os padrões do mundo, nos afastamos da identidade que Deus nos deu. A verdadeira autoimagem não está em atender aos padrões externos, mas em ser fiel ao que Deus diz sobre você. Valorize quem você é, sem se moldar às expectativas sociais que trazem insegurança. Renove sua mente com os princípios da Palavra de Deus e encontre sua verdadeira beleza naquilo que Ele criou em você.

28 MAR

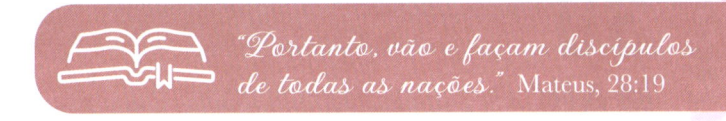

"Portanto, vão e façam discípulos de todas as nações." Mateus, 28:19

CONHEÇA OUTRAS CULTURAS E EXPANDA SEU ENTENDIMENTO

Conhecer outras culturas nos ajuda a entender a diversidade que Deus criou no mundo. O Evangelho foi destinado a todas as nações, e ao entrar em contato com diferentes tradições e formas de vida, aprendemos a respeitar e a valorizar essa pluralidade. Viajar, ler sobre diferentes povos ou interagir com pessoas de outras culturas abre nossos olhos para novos pontos de vista e formas de adorar a Deus. Esse entendimento profundo nos torna mais empáticos e preparados para viver em harmonia com todos.

REFLEXÕES:

29 MAR

"O preguiçoso deseja e nada consegue, mas os desejos do diligente são amplamente satisfeitos." Provérbios, 13:4

ELIMINE A PREGUIÇA E BUSQUE A DILIGÊNCIA

A preguiça nos impede de alcançar o que desejamos. Sem esforço e dedicação, os sonhos e metas permanecem distantes. Deus valoriza o trabalho diligente e recompensa aqueles que se dedicam com afinco ao que fazem. Para vencer a preguiça, é necessário disciplina e foco, sempre lembrando que o trabalho é uma oportunidade de glorificar a Deus. Ao agir com diligência, você abre portas para novas conquistas e cumpre o propósito de Deus em sua vida com dedicação e perseverança.

DIÁRIO DE GRATIDÃO:

30 MAR

> "A mulher que teme ao Senhor, essa será louvada."
> Provérbios, 31:30

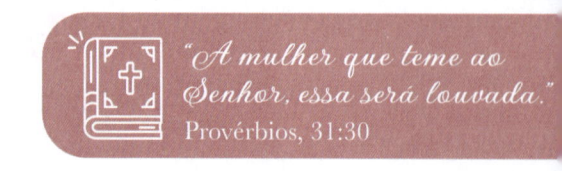

DEFINA O SEU SUCESSO COM BASE EM SUA VIVÊNCIA COM DEUS

O verdadeiro sucesso não está nos padrões materiais do mundo, mas no relacionamento que você tem com Deus. Uma mulher de sucesso é aquela que teme ao Senhor, que vive de acordo com os princípios de Deus e que coloca Seu propósito acima de qualquer conquista terrena. O sucesso vai além de conquistas profissionais ou sociais; ele se reflete em caráter, fé e em uma vida que honra a Deus. Seja uma mulher que busca agradar a Deus em tudo, e você será louvada por isso.

DIÁRIO DE GRATIDÃO:

---

31 MAR

> "A fé vem pelo ouvir, e ouvir pela palavra de Cristo." Romanos, 10:17

ESCUTE O EVANGELHO PARA FORTALECER SUA FÉ

A fé se fortalece quando ouvimos a Palavra de Deus. Ao dedicar tempo para ouvir o Evangelho, seja através da leitura, pregações ou estudos, você alimenta seu espírito e aprofunda seu relacionamento com Deus. Ouvir é o primeiro passo para transformar sua fé em ação. Quanto mais você se conecta com a Palavra, mais sua vida será guiada pela verdade de Cristo. Escute com o coração aberto, permitindo que o Evangelho penetre profundamente em sua vida e molde suas decisões e atitudes diárias.

MOTIVOS PARA ORAR:

Abril

1º ABR

DIA DA MENTIRA: VIVA EM HONESTIDADE

Lidar com mentiras, seja como vítimas ou quando tentadas a distorcer a verdade, é um desafio. Deus nos chama a viver em honestidade, porque a mentira destrói confiança e afasta as pessoas. Quando enfrentamos mentiras, é importante responder com sabedoria e firmeza, sem cair em vingança ou mágoa. A verdade pode ser difícil de dizer e ouvir, mas traz liberdade e cura. Ao manter a integridade, Deus nos honra e nos ajuda a cultivar relacionamentos baseados no respeito e na verdade. Escolher a verdade é sempre o caminho que leva à paz.

> *"Não furtareis, nem usareis de engano, nem mentireis uns aos outros."*
> Levítico, 19:11

MOTIVOS PARA ORAR:

_____
_____
_____
_____
_____

DIÁRIO DE GRATIDÃO:

_____
_____
_____
_____
_____
_____
_____

Aponte a câmera do seu celular para este QR Code e faça atividades complementares para aplicar esta reflexão de forma prática em seu dia a dia!

2 ABR

> *"Aquele que anda com integridade anda seguro, mas quem segue veredas tortuosas será descoberto."* Provérbios, 10:9

MANTENHA A INTEGRIDADE

A integridade é a base de uma vida estável. Quando se escolhe o caminho da honestidade e retidão, a segurança é o resultado natural. Não se trata apenas de fazer o certo quando alguém está olhando, mas de ser fiel aos próprios valores. Ser íntegra é ser verdadeira consigo mesma e com Deus, independentemente das circunstâncias. Esse compromisso constante com a verdade traz paz interior e confiança no Senhor.

REFLEXÕES:

---

3 ABR

> *"O amor e a fidelidade jamais o deixarão; prenda-os ao redor do seu pescoço, escreva-os na tábua do seu coração."* Provérbios, 3:3

PRIORIZE SEMPRE A LEALDADE

Lealdade é uma virtude que nunca deve ser esquecida. Ela é o reflexo de um coração comprometido, seja nos relacionamentos ou na nossa vida espiritual. Quando a lealdade está em nosso coração, molda nossa postura diante de tudo e de todos, fortalecendo nossos vínculos e demonstrando nosso caráter. Fazer dela prioridade é uma forma de honrar a Deus e aqueles que nos cercam.

DIÁRIO DE GRATIDÃO:

4 ABR

> "Bem-aventurados sois vós, quando vos injuriarem e perseguirem, e, mentindo, disserem todo mal contra vós por minha causa." Mateus, 5:11

REAJA COM MANSIDÃO

A injúria fere, mas não define quem você é. Jesus ensina a encarar a perseguição e a injustiça com alegria, pois sua recompensa não vem das palavras dos outros, mas de Deus. Ao lidar com a injúria, escolha o caminho da mansidão e da paz. Perdoe, mesmo que doa, sabendo que seu valor está em Cristo. Ele conhece sua verdade e recompensará sua integridade e fidelidade.

DIÁRIO DE GRATIDÃO:

_____
_____
_____
_____
_____
_____

5 ABR

> "Não tomarás o nome do Senhor teu Deus em vão, porque o Senhor não terá por inocente o que tomar o seu nome em vão." Êxodo, 20:7

HONRE O NOME DO SENHOR

O nome de Deus é santo e merece reverência. Não se trata apenas de evitar palavrões ou blasfêmias, mas também de não banalizar Suas promessas e ensinamentos. Usar o nome de Deus em vão é invocar Sua presença sem respeito ou propósito. Ao falar de Deus, faça isso com amor, verdade e sabedoria, demonstrando com suas ações que o nome d'Ele é digno de toda honra.

MOTIVOS PARA ORAR:

_____
_____
_____
_____
_____
_____

6 ABR

> *"O amor ao dinheiro é a raiz de toda espécie de males."* 1 Timóteo, 6:10

SEJA SÁBIA COM O DINHEIRO

O dinheiro em si não é o problema, mas o amor desmedido por ele. Mantenha o coração centrado em Deus, e não nas riquezas materiais. Use seus recursos com sabedoria, investindo no que é eterno, e não nas coisas passageiras. Lembre-se de que o dinheiro deve ser uma ferramenta para abençoar, não algo que controle sua vida. Seja generosa, confie em Deus para suprir suas necessidades e foque no que realmente importa.

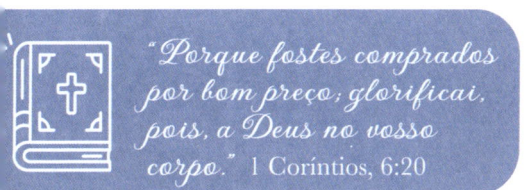

REFLEXÕES:

_____
_____
_____
_____
_____
_____
_____
_____

> *"Porque fostes comprados por bom preço; glorificai, pois, a Deus no vosso corpo."* 1 Coríntios, 6:20

7 ABR

DIA MUNDIAL DA SAÚDE

Seu corpo é templo do Espírito Santo, e cuidar d'Ele é um ato de gratidão e adoração. Preze pela sua saúde física, emocional e espiritual. Exercício, alimentação balanceada e descanso são essenciais, mas a paz e o equilíbrio emocional também são vitais. Busque o autocuidado como forma de honrar o presente que Deus te deu. Um corpo saudável reflete um espírito em paz e uma mente focada naquilo que é bom.

DIÁRIO DE GRATIDÃO:

_____
_____
_____
_____
_____
_____
_____
_____

8 ABR

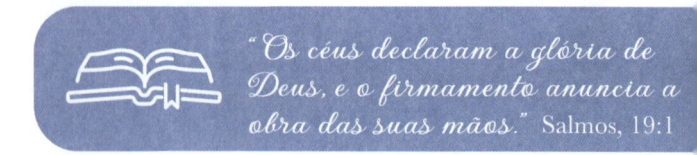

"Os céus declaram a glória de Deus, e o firmamento anuncia a obra das suas mãos." Salmos, 19:1

APRECIE A CRIAÇÃO DE DEUS

A natureza revela a grandeza do Criador. Quando você passa tempo ao ar livre, contempla o céu, sente o vento ou ouve o som das águas, é um convite para se reconectar com Deus. Reserve momentos para apreciar a criação, meditando em Sua bondade e sabedoria. A natureza traz paz à alma e nos faz lembrar de que Deus está no controle. Aproveite essa oportunidade para renovar suas forças e se sentir mais próxima d'Ele.

DIÁRIO DE GRATIDÃO:

_____
_____
_____
_____
_____
_____

9 ABR

"Cantarei ao Senhor enquanto eu viver; cantarei louvores ao meu Deus enquanto eu existir." Salmos, 104:33

CANTE LOUVORES

A música tem o poder de transformar nosso estado de espírito, elevando-nos em momentos de dificuldade e trazendo à tona nossa fé. Quando cantamos louvores ao Senhor, estamos nos conectando ao divino de uma forma única, permitindo que a melodia alivie as cargas do coração. Seja qual for o desafio, o poder da música pode trazer paz e renovar sua força interior, lembrando que Deus está ao seu lado em cada nota e em cada palavra.

MOTIVOS PARA ORAR:

_____
_____
_____
_____
_____
_____

10 ABR

"Deixai a ira, abandonai o furor; não te indignes, pois isso só leva ao mal." Salmos, 37:8

DOMINE SUA IRA

Ser calma em meio ao caos é um sinal de verdadeira força. A ira só serve para nos afastar da paz que Deus deseja para nós. Ao aprender a abandonar o furor e a deixar que a serenidade de Cristo guie suas ações, você se torna poderosa de uma forma que o mundo muitas vezes não compreende. Sua força não está em palavras duras ou gestos agressivos, mas em um espírito manso e confiável, que confia em Deus para batalhar suas lutas.

REFLEXÕES:

_____
_____
_____
_____
_____
_____
_____

11 ABR

"O coração alegre aformoseia o rosto, mas pela dor do coração o espírito se abate." Provérbios, 15:13

VIVA COM ALEGRIA

Ser apaixonada pela vida começa com um coração alegre. Quando você vive com gratidão e amor, essa energia transborda e embeleza até mesmo os momentos mais difíceis. Não permita que as preocupações roubem a sua alegria. Em vez disso, encontre razões para agradecer a Deus por cada nova manhã. Apaixone-se pelos pequenos detalhes, e descubra como o amor pela vida transforma até o mais simples dos dias em algo extraordinário.

DIÁRIO DE GRATIDÃO:

_____
_____
_____
_____
_____
_____
_____

12 ABR

"Se confessarmos os nossos pecados, ele é fiel e justo para nos perdoar os pecados e nos purificar de toda injustiça." 1 João, 1:9

CURE SUA ALMA

O arrependimento genuíno tem o poder de curar a alma. Quando admitimos nossas falhas diante de Deus e pedimos perdão, Ele nos purifica. Isso não é um sinal de fraqueza, mas de verdadeira coragem. O arrependimento nos liberta de cargas desnecessárias e nos permite caminhar com leveza. Não guarde para si o peso dos erros passados. Confesse a Deus, busque Sua graça e permita que Ele cure seu coração de qualquer mágoa ou culpa.

DIÁRIO DE GRATIDÃO:

"Porque a tristeza segundo Deus produz arrependimento para a salvação, que a ninguém traz pesar; mas a tristeza do mundo produz morte." 2 Coríntios, 7:10

13 ABR

LIBERTE-SE DO REMORSO

Sentir remorso pode ser uma armadilha emocional, mas Deus nos oferece um caminho de saída. A tristeza divina nos leva ao arrependimento, que por sua vez nos traz libertação e paz. Não se deixe prender pelo remorso que corrói. Em vez disso, busque o tipo de arrependimento que cura e transforma. Deus está disposto a restaurar seu coração e lhe dar uma nova chance, permitindo que o remorso seja substituído pela esperança e pelo propósito renovado.

MOTIVOS PARA ORAR:

14 ABR

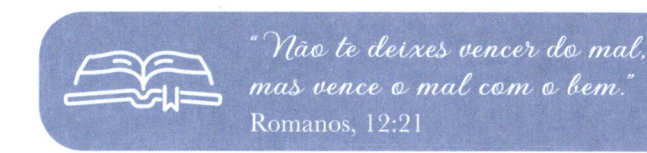

"Não te deixes vencer do mal, mas vence o mal com o bem." Romanos, 12:21

DÊ A VOLTA POR CIMA!

As quedas fazem parte da vida, mas em Cristo você encontra a força para se levantar e dar a volta por cima. Independentemente das dificuldades ou dos erros cometidos, Deus lhe dá poder para começar de novo. Quando parece que tudo está perdido, lembre-se de que sua força vem do Senhor, que nunca a abandona. Acredite que com Ele ao seu lado, não há obstáculo grande demais que você não possa superar.

REFLEXÕES:

15 ABR

"Revesti-vos de toda a armadura de Deus, para que possais estar firmes contra as ciladas do diabo." Efésios, 6:11

PREPARE-SE PARA LUTAR

A vida cristã é uma batalha constante contra forças espirituais. Ao vestir a armadura de Deus, você se prepara para enfrentar esses desafios com confiança. A armadura espiritual inclui a verdade, a fé e a palavra de Deus, que a guiam e protegem. Lembre-se de que você não está sozinha nesta luta. Deus é seu escudo e fortaleza. Encare cada dia sabendo que, com Ele, você pode resistir a qualquer ataque e permanecer firme.

DIÁRIO DE GRATIDÃO:

16 ABR

"Portanto, meus amados irmãos, todo o homem seja pronto para ouvir, tardio para falar, tardio para se irar." Tiago, 1:19

SAIBA OUVIR MAIS

A escuta atenta é uma habilidade que pode transformar relacionamentos e trazer paz ao coração. Muitas vezes, estamos prontos para responder ou nos defender, quando o verdadeiro poder está em ouvir. Este versículo lembra da importância de frear a língua e prestar atenção ao outro. Ouvir mais nos permite compreender melhor as situações, e tomar decisões mais sábias e serenas. Coloque-se em silêncio, ouça os outros e ouça Deus. Essa prática traz sabedoria e harmonia ao seu dia a dia.

DIÁRIO DE GRATIDÃO:

_____
_____
_____
_____
_____
_____

17 ABR

"Irai-vos e não pequeis; não se ponha o sol sobre a vossa ira." Efésios, 4:26

TUDO BEM FICAR COM RAIVA

Sentir raiva é humano e natural, mas o que fazemos com essa emoção é o que define o impacto que ela terá em nossas vidas. Este versículo nos ensina que não devemos negar a raiva, mas também que não devemos deixar que ela nos leve ao pecado ou ao afastamento de Deus. Expressar a raiva de forma controlada e buscar a reconciliação antes de dormir traz cura. Não deixe a raiva se transformar em rancor. Procure a paz interior e o perdão, tanto para os outros quanto para si mesma.

MOTIVOS PARA ORAR:

_____
_____
_____
_____
_____
_____

18 ABR

"Ele foi oprimido e afligido, mas não abriu a boca; como um cordeiro foi levado ao matadouro." Isaías, 53:7

SEXTA-FEIRA SANTA E SEUS SIGNIFICADOS

A Sexta-feira Santa marca o sacrifício de Jesus por nós. Ele suportou a dor e a injustiça, permanecendo fiel ao propósito divino de nos redimir. Esse dia nos lembra da profundidade do amor de Deus, que entregou seu filho para nossa salvação. Quando refletimos sobre esse sacrifício, somos convidadas a rever nossos próprios desafios e a caminhar com fé, mesmo diante das aflições. O exemplo de Jesus é um chamado para a entrega, confiança em Deus e esperança de dias melhores.

REFLEXÕES:

_____
_____
_____
_____
_____
_____
_____
_____

"Eis que os teus vigias alçarão a voz; juntos cantarão, porque verão, olho a olho, o retorno do Senhor a Sião." Isaías, 52:8

19 ABR

VIVA O SÁBADO DE ALELUIA

O Sábado de Aleluia é um dia de expectativa e esperança. No silêncio após a crucificação, os discípulos aguardavam sem saber o que viria, assim como muitas vezes nos encontramos esperando por respostas e direções. Esse dia nos ensina a confiar em Deus durante o silêncio e a incerteza. Mesmo que o futuro pareça obscuro, Deus está preparando algo maior. Espere com fé, pois a vitória e a ressurreição de Cristo nos mostram que, após a escuridão, vem a luz.

DIÁRIO DE GRATIDÃO:

_____
_____
_____
_____
_____
_____
_____
_____

20 ABR

"Ele não está aqui; ressuscitou, como havia dito." Mateus, 28:6

FELIZ PÁSCOA!

A Páscoa é a celebração da ressurreição de Jesus, a vitória sobre a morte e o cumprimento da promessa divina. Esse é um momento para celebrarmos a nova vida, a renovação e a esperança que a ressurreição traz. O que devemos celebrar? A libertação do pecado, a vida eterna e a esperança em Cristo. A Páscoa nos lembra que, por mais difíceis que sejam as circunstâncias, em Cristo somos vencedoras. Viva a Páscoa com gratidão, renovando sua fé e seu compromisso com Deus.

DIÁRIO DE GRATIDÃO:

_____
_____
_____
_____
_____
_____

"Porque o pecado não terá domínio sobre vós, pois não estais debaixo da lei, mas debaixo da graça." Romanos, 6:14

21 ABR

SEJA LIVRE DO PECADO

A graça de Deus nos dá a liberdade de viver fora das correntes do pecado. Muitas vezes, a culpa e os erros passados nos prendem, mas Deus nos lembra que não estamos mais sob o domínio do pecado. A cada dia, você pode escolher andar na liberdade que a graça proporciona. Que isso seja uma força que te liberte dos padrões que te oprimem, e te conduza à vida abundante, livre de culpas, que Deus oferece a todas nós.

MOTIVOS PARA ORAR:

_____
_____
_____
_____
_____
_____

22 ABR

> "O Senhor está perto dos que têm o coração quebrantado e salva os de espírito abatido." Salmos, 34:18

QUANDO DÓI DEMAIS

Nas profundezas da dor, Deus está presente. Mesmo quando as lágrimas são muitas e o fardo parece pesado demais, saiba que Ele é o consolador. Não há ferida tão profunda que Ele não possa curar. Quando a dor é grande demais para suportar, lembre-se de que o Senhor é a força que te sustenta, mesmo nos momentos em que tudo parece sem saída. Ele é aquele que restaura corações partidos e te dá a paz necessária para seguir em frente.

REFLEXÕES:

_____
_____
_____
_____
_____
_____

> "Mas esmurro o meu corpo e o reduzo à escravidão, para que, tendo pregado a outros, eu mesmo não venha a ser desqualificado."
> 1 Coríntios, 9:27

23 ABR

DISCIPLINE O CORPO E A MENTE

A autossuficiência e o controle sobre o apetite vão além da alimentação: é sobre dominar os desejos da carne e viver de maneira equilibrada. Deus nos ensina a ter domínio próprio, não apenas para cuidar do corpo, mas para manter o espírito firme e em sintonia com Sua vontade. Essa disciplina traz uma sensação de paz e realização, pois você estará cuidando de si, honrando seu corpo e mente como templos de Deus.

DIÁRIO DE GRATIDÃO:

_____
_____
_____
_____
_____
_____
_____

24 ABR

"Portanto, também nós, visto que temos ao nosso redor tão grande nuvem de testemunhas, livremo-nos de todo peso e do pecado que tão firmemente se apega a nós, e corramos com perseverança a carreira que nos está proposta." Hebreus, 12:1

CONTINUE SEM DESANIMAR

A jornada pode ser difícil, e muitas vezes, você pode se sentir exausta. Mas lembre-se: cada ato de bondade, cada esforço de perseverança tem valor diante de Deus. Mesmo quando os frutos não parecem visíveis agora, a colheita virá no tempo certo. Continue firme, sabendo que sua persistência não é em vão. Sua vida é uma bênção para aqueles ao seu redor e Deus te fortalece para cada novo passo de fé.

DIÁRIO DE GRATIDÃO:

_____
_____
_____
_____
_____
_____

25 ABR

"Entregue as suas preocupações ao Senhor, e ele o susterá; jamais permitirá que o justo venha a cair." Salmo, 55:22

APRENDA A DEIXAR NAS MÃOS DE DEUS

Há momentos em que é preciso soltar as rédeas e entregar ao Senhor as preocupações e ansiedades que te pesam. Soltar pode parecer difícil, mas é libertador. Quando colocamos nossas inquietações nas mãos de Deus, Ele nos alivia, trazendo paz e renovação. Lembre-se de que Ele cuida de você com todo amor, e deixar ir é parte de confiar que o Senhor tem o controle de todas as coisas.

MOTIVOS PARA ORAR:

_____
_____
_____
_____
_____
_____

26 ABR

"Revesti-vos, pois, como eleitos de Deus, santos e amados, de ternos afetos de misericórdia, de bondade, de humildade, de mansidão, de longanimidade." Colossenses, 3:12

VIVA EM HARMONIA COM OS OUTROS

Viver em harmonia é um chamado de Deus para que nossas atitudes reflitam a bondade e a paciência que Ele nos ensinou. Busque vestir-se dessas qualidades diariamente, principalmente em situações desafiadoras. Em seus relacionamentos, seja uma presença pacificadora, mostrando compaixão e compreensão. Harmonia é fruto do Espírito e você pode ser uma fonte dessa paz para aqueles ao seu redor, sendo um reflexo da bondade de Deus.

REFLEXÕES:

"Ainda que meu pai e minha mãe me abandonem, o Senhor me acolherá." Salmos, 27:10

27 ABR

COMO LIDAR COM A REJEIÇÃO

A rejeição é uma das feridas mais dolorosas, mas o amor de Deus é constante e inabalável. Mesmo quando os outros a rejeitam, Deus a acolhe com braços abertos, valorizando você como a mulher preciosa que é. Não deixe que as opiniões ou rejeições dos outros a definam. Seu valor está enraizado no amor imutável de Deus. Ele vê o seu coração e nunca a abandonará, mesmo quando o mundo falhar.

DIÁRIO DE GRATIDÃO:

28 ABR

"Com amor eterno te amei; por isso, com bondade te atraí." Jeremias, 31:3

SEJA ABRAÇADA PELO AMOR ETERNO DE DEUS

Você é amada de maneira eterna e incondicional. Não importa quantas vezes você já tenha se sentido indigna de amor, saiba que Deus te ama de uma forma que nunca falha. Esse amor não depende de suas ações ou erros; ele é constante. Que esse amor preencha seu coração e te lembre de sua beleza e valor em Cristo. Você é única, preciosa e profundamente amada, hoje e sempre.

DIÁRIO DE GRATIDÃO:

_____
_____
_____
_____
_____
_____

"O Senhor, o seu Deus, está em seu meio, poderoso para salvar. Ele se regozijará em você com alegria; com o seu amor, ele renovará você." Sofonias, 3:17

29 ABR

ENCONTRE DESCANSO NO AMOR DE DEUS

O amor de Deus é como um bálsamo que traz calma à alma. Em tempos de ansiedade e inquietação, você pode descansar, sabendo que Ele está com você. Seu amor renova as forças e acalma as tempestades internas. Permita-se ser renovada e restaurada pelo carinho e cuidado de Deus. Você é alvo de Seu amor, e Ele te envolve com paz e segurança em meio às dificuldades.

MOTIVOS PARA ORAR:

_____
_____
_____
_____
_____
_____

30 ABR

AQUIETE-SE!

Em meio ao caos e às distrações da vida, Deus te chama a aquietar o coração. Há uma paz profunda que vem ao reconhecer que Ele está no controle, mesmo quando tudo parece desmoronar. Silencie as vozes da preocupação e confie que Deus está cuidando de tudo. Aquiete-se na presença d'Ele e saiba que Ele é o seu refúgio seguro, sempre presente nos momentos mais difíceis.

"Não andem ansiosos por coisa alguma, mas em tudo, pela oração e súplicas, e com ação de graças, apresentem seus pedidos a Deus. E a paz de Deus, que excede todo o entendimento, guardará os seus corações e as suas mentes em Cristo Jesus."
Filipenses 4:6-7

REFLEXÕES:

DIÁRIO DE GRATIDÃO:

Maio

1º MAI

DIA MUNDIAL DO TRABALHO

"Portanto, quer comais, quer bebais, quer façais qualquer outra coisa, fazei tudo para a glória de Deus."
1 Coríntios, 10:31

O trabalho é uma bênção que permite expressar nossos dons e impactar o mundo. Quando fazemos nosso trabalho com dedicação e com a intenção de glorificar a Deus, ele ganha um novo sentido. Não importa o que você faça, faça com excelência, sabendo que serve a um propósito maior. Que seu esforço diário seja um reflexo de sua fé, lembrando que Deus vê cada ato e recompensa a dedicação e a fidelidade. Trabalhe com o coração cheio de propósito e gratidão.

DIÁRIO DE GRATIDÃO:

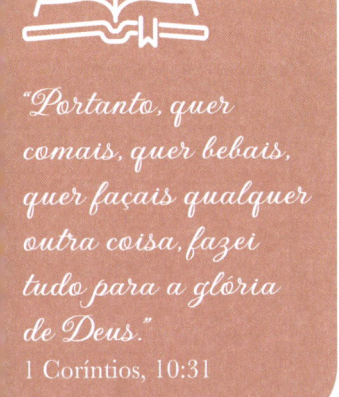

_____
_____
_____
_____

MOTIVOS PARA ORAR:

_____
_____
_____
_____
_____
_____
_____
_____

Aponte a câmera do seu celular para este QR Code e faça atividades complementares para aplicar esta reflexão de forma prática em seu dia a dia!

2 MAI

"Deus se opõe aos orgulhosos, mas concede graça aos humildes." Tiago, 4:6

SEJA HUMILDE DIANTE DE DEUS

O orgulho é uma armadilha que pode nos afastar de Deus e das pessoas ao nosso redor. Muitas vezes, o orgulho nos impede de pedir ajuda, admitir erros ou reconhecer a necessidade de mudanças. Reconheça a importância da humildade em sua vida. Ao abrir mão da necessidade de estar sempre certa ou de controlar tudo, você permite que Deus tome o controle. Humilhar-se diante d'Ele traz liberdade e crescimento. A verdadeira força está em reconhecer nossa dependência do Senhor.

DIÁRIO DE GRATIDÃO:

_____
_____
_____
_____
_____
_____
_____

"Tudo o que é verdadeiro, tudo o que é respeitável, tudo o que é justo, tudo o que é puro, tudo o que é amável, se alguma virtude há e se algum louvor existe, seja isso o que ocupe o vosso pensamento." Filipenses, 4:8

3 MAI

ALIMENTE BONS PENSAMENTOS

Os pensamentos moldam nossa visão da vida e o modo como reagimos aos desafios. Manter a mente focada no que é bom, justo e puro não significa ignorar as dificuldades, mas escolher enxergá-las com esperança e fé. Quando os pensamentos negativos surgirem, troque-os pelas promessas de Deus. Ele nos chama a renovar a mente diariamente, fixando-nos no que é verdadeiro e virtuoso. Deixe que seus pensamentos sejam um reflexo da bondade e da paz que vem d'Ele.

MOTIVOS PARA ORAR:

_____
_____
_____
_____
_____
_____
_____

4 MAI

"Eu vim para que tenham vida e a tenham em abundância." João, 10:10b

APAIXONE-SE PELA VIDA

REFLEXÕES:

Deus deseja que você viva uma vida abundante, cheia de propósito e alegria. Isso não significa ausência de dificuldades, mas sim viver com a certeza de que Cristo está com você em cada momento. Aproveite cada dia, cada oportunidade e cada relacionamento com o coração cheio de gratidão. A vida plena que Ele oferece é baseada na confiança em Suas promessas e na escolha de viver com fé e alegria, mesmo diante dos desafios. Viva a vida em sua plenitude, sabendo que Deus está ao seu lado.

5 MAI

"O coração alegre é como a cura de um remédio, mas o espírito deprimido seca até os ossos." Provérbios, 17:22

CULTIVE O CARISMA

DIÁRIO DE GRATIDÃO:

O carisma é uma qualidade que brilha de dentro para fora. Quando você cultiva um coração alegre e grato, isso reflete em suas atitudes, no jeito de falar e até mesmo em seu semblante. Um coração alegre atrai as pessoas e abre portas que, muitas vezes, a força ou o intelecto não conseguem abrir. O carisma não está em ser sempre perfeita, mas em ser verdadeira, autêntica e em mostrar sua essência de maneira generosa. Ao manter o coração alegre, você ilumina o ambiente ao seu redor.

6 MAI

"Amai-vos cordialmente uns aos outros com amor fraternal, preferindo-vos em honra uns aos outros." Romanos, 12:10

PRATIQUE A EMPATIA

A empatia é mais do que entender a dor do outro, é amar com compaixão e colocar o bem-estar do próximo em primeiro lugar. Quando você pratica a empatia, reconhece que todos enfrentam batalhas internas e que o amor e a paciência podem aliviar esses fardos. Faça o esforço de ouvir, acolher e oferecer um ombro amigo. A empatia conecta corações e transforma relações, trazendo à tona o amor de Deus em cada gesto de cuidado.

DIÁRIO DE GRATIDÃO:

7 MAI

"No muito falar não falta transgressão, mas o que modera os seus lábios é prudente." Provérbios, 10:19

DIA DO SILÊNCIO

O silêncio é uma poderosa ferramenta de sabedoria. Em um mundo barulhento, aprender a silenciar a mente e os lábios nos aproxima de uma paz interior que nos faz ouvir a voz de Deus. O silêncio não é vazio, mas uma oportunidade de reflexão, renovação e conexão com o sagrado. Use o dia de hoje para observar mais e falar menos, encontrando momentos de quietude para alinhar seus pensamentos e emoções com a vontade de Deus.

MOTIVOS PARA ORAR:

8 MAI

"Graças a Deus que nos dá a vitória por nosso Senhor Jesus Cristo." 1 Coríntios, 15:57

DIA DA VITÓRIA

A vitória que Deus concede não está apenas nos grandes feitos, mas nas pequenas conquistas diárias que edificam sua fé e perseverança. Celebre cada passo dado, cada desafio superado, porque em Cristo somos mais que vencedoras. Mesmo nas lutas, há sempre um aprendizado e um crescimento espiritual. Hoje, agradeça por suas vitórias, reconhecendo a mão de Deus em cada uma delas, e inspire-se a caminhar confiante, sabendo que Ele está ao seu lado em cada batalha.

REFLEXÕES:

---

9 MAI

"Como são agradáveis sobre os montes os pés do que anuncia boas novas, que faz ouvir a paz, que anuncia coisas boas." Isaías, 52:7

CONHEÇA NOVAS CULTURAS

Explorar novas culturas é uma maneira de expandir seu coração e mente. Ao conhecer outras tradições, você descobre diferentes maneiras de ver o mundo, e isso enriquece sua visão de vida. Assim como os mensageiros da paz percorriam longas distâncias para levar boas novas, você também pode aprender e compartilhar as bênçãos de Deus com outras culturas. Abra-se ao novo, respeite e celebre a diversidade, lembrando sempre que o amor de Deus ultrapassa fronteiras.

DIÁRIO DE GRATIDÃO:

10 MAI

"Porque a sua ira dura só um momento; no seu favor está a vida; o choro pode durar uma noite, mas a alegria vem pela manhã." Salmos, 30:5

SORRIA MAIS

DIÁRIO DE GRATIDÃO:

O sorriso tem o poder de transformar o seu dia e o daqueles ao seu redor. Quando você sorri, transmite alegria, esperança e confiança, mesmo em meio às dificuldades. Um sorriso sincero não apenas embeleza o rosto, mas também aquece corações e espalha bondade. Hoje, permita-se sorrir mais, lembrando que sua força está em Deus, e a alegria que Ele te dá pode ser um bálsamo para sua alma e um presente para o mundo.

11 MAI

"Sua mãe o instruiu com bondade, e seu amor não falha." Provérbios, 31:26

DIA DAS MÃES: AME INCONDICIONALMENTE

MOTIVOS PARA ORAR:

Amar como mãe é uma das maiores dádivas e responsabilidades. O cuidado, a paciência e o sacrifício diário moldam a vida dos filhos, que crescem sob os olhos atentos e o coração generoso. Que esse dia seja um lembrete de que o amor materno reflete o amor de Deus: incondicional, forte e terno. Honre sua missão, sabendo que cada gesto de cuidado é uma semente plantada para o futuro.

12 MAI

"Eu te fortalecerei e te ajudarei; eu te segurarei com a minha mão direita vitoriosa." Isaías, 41:10

NÃO DESISTA DO SEU PROPÓSITO

Desistir não é uma opção quando você tem ao seu lado o Criador de todas as coisas. Desafios surgem, mas Deus promete estar com você em cada momento difícil. Ele é sua força quando a sua se esgota. Persista, confie e saiba que, mesmo quando o caminho parece impossível, Ele te segura e garante a vitória. Use essa força para continuar, porque há poder na perseverança.

REFLEXÕES:

_____
_____
_____
_____
_____
_____

13 MAI

"Lâmpada para os meus pés a tua palavra, e luz para o meu caminho." Salmos, 119:105

VIVA SOB PRESSÃO COM FÉ

Viver sob pressão é desgastante, mas você não precisa enfrentar isso sozinha. Deus conhece suas aflições e está pronto para carregar o que é pesado demais para você. Quando o peso do dia a dia parecer esmagador, lembre-se de que você tem Alguém que oferece alívio e descanso. Confie em Sua providência, viva com fé e saiba que, sob qualquer pressão, Deus é o seu refúgio seguro.

DIÁRIO DE GRATIDÃO:

_____
_____
_____
_____
_____
_____
_____

14 MAI

> "O coração alegre faz bem ao "Levai as cargas uns dos outros, e assim cumprireis a lei de Cristo." Gálatas, 6:2

CARREGUE OS FARDOS COM CORAGEM

Ninguém está destinado a carregar os fardos da vida sozinho. A jornada pode ser difícil, mas com o apoio mútuo, os fardos se tornam mais leves. Aceite ajuda, ofereça auxílio e permita que Deus renove suas forças quando o cansaço pesar. Compartilhar suas lutas e alegrias com outras pessoas fortalece o espírito e torna a caminhada mais rica e significativa.

DIÁRIO DE GRATIDÃO:

_____
_____
_____
_____
_____
_____

15 MAI

> "Deus não nos deu espírito de covardia, mas de poder, de amor e de equilíbrio." 2 Timóteo, 1:7

ATIVE O PODER QUE ESTÁ EM VOCÊ

Dentro de você há um poder que vem de Deus, uma força que supera o medo e a dúvida. Muitas vezes, você pode se sentir pequena diante dos desafios, mas lembre-se de que o poder divino te capacita para qualquer situação. Não se limite. Com amor e equilíbrio, você pode realizar grandes coisas. Ouse acreditar no potencial que Deus colocou em suas mãos.

MOTIVOS PARA ORAR:

_____
_____
_____
_____
_____
_____

16 MAI

"Sonda-me, ó Deus, e conhece o meu coração; prova-me, e conhece as minhas inquietações. Vê se em minha conduta algo te ofende, e dirige-me pelo caminho eterno." Salmos, 139:23-24

ACREDITE, TUDO TEM O SEU TEMPO

Aprender a esperar é um dos maiores desafios. Às vezes, queremos apressar o processo, mas Deus conhece o momento certo para cada etapa da vida. Quando confiamos no Seu tempo, vivemos com mais leveza, sabendo que tudo está sob Seu controle. Se algo ainda não aconteceu, talvez seja porque ainda não é o tempo certo. Acredite que Deus age com perfeição em cada detalhe e no momento certo.

REFLEXÕES:

_____
_____
_____
_____
_____
_____
_____

"Assim como os céus são mais altos do que a terra, também os meus caminhos são mais altos do que os seus caminhos, e os meus pensamentos, mais altos do que os seus pensamentos." Isaías, 55:9

17 MAI

PENSE GRANDE, SONHE COM FÉ

Sonhar grande não é presunção, é fé. Deus tem planos maiores do que podemos imaginar, e nossos sonhos não devem ser limitados pelo que vemos ou pelo que achamos possível. Amplie sua visão. Sonhe com ousadia, sabendo que o Senhor é capaz de realizar muito mais do que pedimos ou pensamos.

DIÁRIO DE GRATIDÃO:

_____
_____
_____
_____
_____
_____
_____

18 MAI

"Servi uns aos outros conforme o dom que cada um recebeu, como bons despenseiros da multiforme graça de Deus." 1 Pedro, 4:10

DESCUBRA O SEU DOM E EXERCITE-O

Cada pessoa recebeu um dom especial de Deus, algo único que a capacita para fazer a diferença. Não esconda o seu talento. Deus te chamou para usá-lo para abençoar outros e glorificá-Lo. Quando você coloca seu dom em ação, reflete a criatividade divina e cumpre o propósito pelo qual foi criada.

DIÁRIO DE GRATIDÃO:

_____
_____
_____
_____
_____
_____
_____

19 MAI

"Portanto, se alguém está em Cristo, é nova criação; o passado ficou para trás; eis que surgiram coisas novas!" 2 Coríntios, 5:17

APRENDA E SIGA EM FRENTE

Errar faz parte do aprendizado, mas permanecer no erro não precisa ser o destino. Deus nos chama para aprender com os erros e seguir em frente com uma nova perspectiva. O arrependimento sincero traz perdão e transformação. Levante-se, saiba que o passado ficou para trás, e avance para uma nova história com a graça de Deus.

MOTIVOS PARA ORAR:

_____
_____
_____
_____
_____
_____

20 MAI

"Vocês, porém, são geração eleita, sacerdócio real, nação santa, povo exclusivo de Deus, para anunciar as grandezas daquele que os chamou das trevas para a sua maravilhosa luz."
1 Pedro, 2:9

NÃO SE COMPARE COM SEUS AMIGOS

Valorize quem você é sem se medir pelo sucesso ou fracasso de seus amigos. Deus te fez única, e cada caminho é diferente. Comparar-se constantemente tira a alegria da jornada e diminui as conquistas que Deus preparou para você. Olhe para si mesma, celebre seu progresso e confie no tempo de Deus para sua vida. Sua única competição deve ser contra quem você foi ontem.

REFLEXÕES:

---

21 MAI

"Sim, sim, não, não; o que passar disso vem do maligno." Mateus, 5:37

ESQUEÇA O "TANTO FAZ"

Evite viver de indecisões ou com uma postura de "tanto faz". Deus te chamou para viver com propósito e clareza. Decida com firmeza, pois o "tanto faz" enfraquece suas escolhas. As mulheres que seguem a Cristo devem ter sua fé como alicerce para dizer "sim" ou "não" com convicção. Confie em sua capacidade de discernimento e faça escolhas que honrem sua fé e seus valores.

DIÁRIO DE GRATIDÃO:

22 MAI

"Quem é fiel no pouco também é fiel no muito." Lucas, 16:10

CELEBRE AS PEQUENAS CONQUISTAS

Cada vitória, por menor que pareça, é digna de celebração. Deus se alegra com nossa fidelidade nas pequenas coisas. Não espere o "grande acontecimento" para reconhecer o que já conquistou. Ao celebrar as pequenas conquistas, você reconhece o cuidado de Deus em cada detalhe de sua vida. Agradeça a Ele pelo progresso contínuo e mantenha um coração grato.

DIÁRIO DE GRATIDÃO:

_____
_____
_____
_____
_____
_____
_____

Se um cair, o amigo pode ajudá-lo a levantar-se. Mas pobre do homem que cai e não tem quem o ajude a levantar-se!
Eclesiastes, 4:10

23 MAI

COBRANÇAS NÃO COMBINAM COM AMIZADE

Amizade é uma relação de carinho e respeito, não de cobranças. Não exija dos outros aquilo que Deus já te oferece em abundância: amor e aceitação. Cobranças geram peso, mas o amor verdadeiro é leve. Dê espaço para que as amizades cresçam de forma natural, sem expectativas desmedidas. Confie que Deus te cercará das pessoas certas, no tempo certo.

MOTIVOS PARA ORAR:

_____
_____
_____
_____
_____
_____

24 MAI

"Portanto, enquanto temos oportunidade, façamos o bem a todos." Gálatas, 6:10

FAÇA O BEM, DOE A QUEM PRECISE

Deus nos dá oportunidades diárias para praticar o bem. Doe tempo, amor, ou recursos para aqueles que precisam. Não espere reconhecimento ou retorno, pois seu gesto de bondade é um reflexo da graça de Deus. O mundo está cheio de necessidades, e sua contribuição, por menor que seja, tem um impacto eterno. Plante sementes de bondade e deixe que Deus cuide da colheita.

REFLEXÕES:

_____
_____
_____
_____
_____
_____
_____

25 MAI

"Pois que aproveitará ao homem ganhar o mundo inteiro e perder a sua alma?" Mateus, 16:26

NÃO SOFRA PARA TER

Nada neste mundo vale o sofrimento de perder sua paz e sua alma. Não se deixe levar pela pressão de ter mais ou conquistar tudo. Deus te oferece o que é verdadeiramente valioso: paz, alegria e amor. Busque essas riquezas celestiais, e deixe que as bênçãos materiais venham conforme a vontade d'Ele. Não sacrifique sua saúde ou sua fé por bens temporários.

DIÁRIO DE GRATIDÃO:

_____
_____
_____
_____
_____
_____
_____

26 MAI

"Deem, e será dado a vocês uma boa medida, calcada, sacudida e transbordante será dada." Lucas, 6:38

EXERCITE A RECIPROCIDADE

Relacionamentos saudáveis são baseados na reciprocidade. O ato de dar com generosidade abre portas para receber. Deus nos ensina que quando damos, seja amor, atenção ou ajuda, Ele nos recompensa de maneiras surpreendentes. Não hesite em ser generosa em suas relações, e confie que o que você planta hoje voltará a você multiplicado.

DIÁRIO DE GRATIDÃO:

---

27 MAI

"Você é preciosa aos meus olhos e digna de honra." Isaías, 43:4

NÃO ACEITE MIGALHAS

Deus te criou com valor e propósito, e por isso você não deve aceitar menos do que merece. Em qualquer área da sua vida – relacionamentos, trabalho ou amizades – lembre-se de que você é digna de ser tratada com respeito e amor. Não aceite migalhas de carinho, atenção ou dignidade. Deus tem para você uma vida plena, e você merece vivê-la em sua totalidade.

MOTIVOS PARA ORAR:

28 MAI

"Sujeitem-se uns aos outros, por temor a Cristo." Efésios, 5:21

APRENDA A CEDER

Ceder não é fraqueza, mas uma demonstração de maturidade e amor. Aprender a ceder em certas situações não significa que você está perdendo, mas sim que está promovendo paz e harmonia. O orgulho muitas vezes nos impede de ceder, mas Deus nos chama à humildade. Ceder com sabedoria e em amor é uma forma de edificar relacionamentos saudáveis.

REFLEXÕES:

"Reconheça o Senhor em todos os seus caminhos, e ele endireitará as suas veredas." Provérbios, 3:6

29 MAI

DEUS ACIMA DE TODAS AS COISAS

Tudo em sua vida deve começar com Deus. Quando você coloca Deus em primeiro lugar, tudo se alinha. Seus problemas parecem menores, suas forças se renovam e suas decisões são guiadas pela sabedoria divina. Priorize seu relacionamento com Ele, pois é isso que te dará equilíbrio em todas as outras áreas da vida. Não permita que nada ou ninguém ocupe o lugar que é de Deus.

DIÁRIO DE GRATIDÃO:

30 MAI

AME-SE MAIS

"Porque todos os que são guiados pelo Espírito de Deus são filhos de Deus."
Romanos, 8:14

Para amar ao próximo, é essencial primeiro se amar. Muitas vezes, nos esquecemos de cuidar de nós mesmas, mas Deus nos pede para nos valorizar. Cuidar do seu corpo, mente e alma é uma forma de honrar a criação de Deus. Ame-se mais, perdoe suas falhas e celebre suas qualidades. Somente quando você se amar plenamente poderá oferecer amor genuíno aos outros.

DIÁRIO DE GRATIDÃO:
_____
_____
_____
_____
_____
_____
_____
_____
_____
_____
_____
_____
_____
_____
_____

MOTIVOS PARA ORAR:
_____
_____
_____
_____
_____
_____
_____
_____
_____
_____
_____

31 MAI

DIA DO ESPÍRITO SANTO

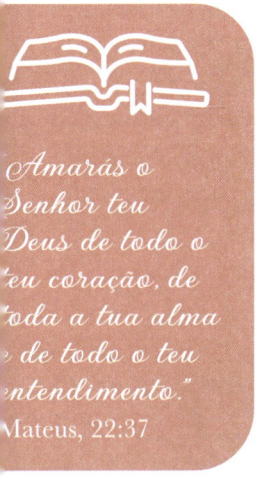

"Amarás o Senhor teu Deus de todo o teu coração, de toda a tua alma e de todo o teu entendimento."
Mateus, 22:37

O Espírito Santo foi enviado para estar com você em todos os momentos, guiando-a, fortalecendo-a e trazendo à memória as palavras de Deus. Ele é o seu conselheiro, o que alivia suas cargas e lhe dá a direção certa em tempos de dúvida. Quando a vida parecer desafiadora e o caminho incerto, lembre-se de que o Espírito Santo está ao seu lado. Deixe-se conduzir por Ele, sabendo que não está sozinha e que Ele a capacita a enfrentar qualquer situação com sabedoria e paz.

O Espírito Santo não apenas nos consola em momentos de dor, mas também nos ensina e nos molda. Ele sussurra à nossa alma quando nos desviamos, corrigindo-nos com amor e nos guiando de volta ao caminho da fé. Muitas vezes, a vida nos coloca diante de escolhas difíceis, mas o Espírito Santo está presente para trazer clareza e discernimento. Permita-se ser sensível à Sua voz. À medida que você silencia o barulho ao seu redor e busca a presença de Deus, o Espírito Santo a orienta com a paz que excede todo entendimento.

REFLEXÕES:

Junho

1º JUN

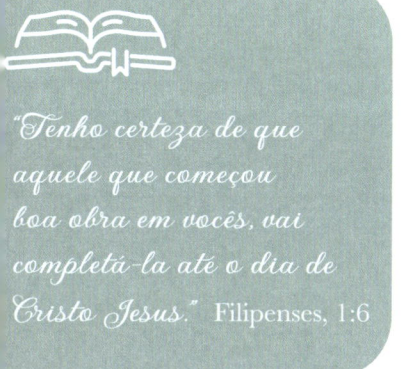

AVALIE SUA JORNADA ATÉ AQUI

"Tenho certeza de que aquele que começou boa obra em vocês, vai completá-la até o dia de Cristo Jesus." Filipenses, 1:6

MOTIVOS PARA ORAR:

_____
_____
_____
_____
_____
_____

Chegamos à metade do ano, um marco que nos convida a refletir sobre os últimos meses e o que Deus tem feito em nossas vidas. Muitas vezes, na correria diária, deixamos de reconhecer cada aprendizado e vitória que Ele nos concedeu. Aproveite este momento para parar, olhar para trás e avaliar sua jornada com gratidão, mesmo pelos pequenos passos que podem parecer insignificantes. Esse exercício não é para identificar falhas, mas para ver a mão de Deus em cada detalhe.

Ao relembrar o primeiro semestre, renove seu compromisso de seguir com fé o restante do ano. Independentemente dos desafios ou das alegrias que já experimentou, saiba que Deus tem um propósito para cada fase da sua caminhada. O exercício de contar nossos dias não é apenas uma prática de observação, mas um fortalecimento da nossa confiança de que o Senhor está conosco em cada passo. Abra-se para o que Ele ainda reserva e esteja preparada para trilhar esse caminho com um coração esperançoso e disposto a aprender.

Aponte a câmera do seu celular para este QR Code e faça atividades complementares para aplicar esta reflexão de forma prática em seu dia a dia!

2 JUN

"Confia no Senhor de todo o teu coração e não te estribes no teu próprio entendimento." Provérbios, 3:5

CONFIE SEM RESERVAS

Confiar em Deus de todo o coração significa deixar de lado nossas próprias ideias e planos, permitindo que Ele nos guie. Como mulheres, muitas vezes queremos resolver tudo com nossa força e sabedoria, mas confiar verdadeiramente exige humildade para reconhecer que não sabemos tudo. O entendimento humano é limitado, enquanto Deus vê o quadro completo. Entregar nossos medos e incertezas a Ele nos liberta da carga de tentar controlar o que está fora de nosso alcance. Confie n'Ele com sua vida e suas decisões.

DIÁRIO DE GRATIDÃO:

"Digo isto, não por causa da pobreza, porque aprendi a viver contente em toda e qualquer situação." Filipenses, 4:11

3 JUN

APRENDA A SER CONTENTE

Viver contente não é ter tudo, mas agradecer pelo que já possui. Paulo aprendeu a alegria independentemente das circunstâncias, e este ensinamento nos convida a rever nossas expectativas. A insatisfação constante é um poço sem fim que nos afasta da gratidão e nos mantém presas ao que ainda não temos. Olhe ao seu redor e perceba as bênçãos, as pequenas vitórias e os momentos simples, pois estes são presentes valiosos que nos trazem paz e felicidade.

MOTIVOS PARA ORAR:

4 JUN

"Jesus, porém, disse: Deixai os pequeninos e não os impeçais de virem a mim, porque dos tais é o reino dos céus." Mateus, 19:14

CUIDE DAS CRIANÇAS AO SEU REDOR

A palavra de Deus destaca a pureza e a importância das crianças, chamando-nos a protegê-las e guiá-las em amor e compaixão. Muitas delas enfrentam abusos e traumas que jamais deveriam conhecer. Como mulheres de fé, temos a missão de ser exemplo de segurança e carinho para elas. Olhe com empatia e esteja presente. Atitudes de apoio e cuidado impactam vidas e são um reflexo do amor divino. Cada gesto de carinho é um amparo a essas almas tão preciosas aos olhos de Deus.

REFLEXÕES:

_____
_____
_____
_____
_____
_____
_____
_____

"O justo cuida bem dos seus animais, mas até os atos dos ímpios são cruéis." Provérbios, 12:10

5 JUN

CULTIVE A CRIAÇÃO DE DEUS

A criação é um presente confiado a nós, e temos a responsabilidade de preservá-lo. Assim como Deus colocou Adão para cuidar do Éden, somos convidadas a proteger a natureza com pequenos e grandes gestos. Ao cuidar da Mãe Natureza, expressamos nosso amor pelo Criador e respeitamos o dom que Ele nos deu. A sua ação diária, como reciclar, reduzir desperdícios e consumir de forma consciente é uma maneira de honrar o Criador e zelar pelo que Ele generosamente nos confiou.

DIÁRIO DE GRATIDÃO:

_____
_____
_____
_____
_____
_____
_____
_____

6 JUN

"Porque na mesma hora vos ensinará o Espírito Santo o que deveis falar." Lucas, 12:12

ESCUTE A SUA VOZ INTERIOR

Nossa intuição é muitas vezes o Espírito Santo falando ao nosso coração. Ouvir a voz interna, aquela que nos direciona, pode ser uma orientação divina em nossas vidas. No silêncio e na oração, encontre clareza para tomar decisões. Respeitar essa percepção íntima é abrir espaço para a sabedoria de Deus agir, ajudando-nos a evitar escolhas equivocadas e abraçar caminhos que nos aproximem do propósito divino. Confie na intuição, pois ela é uma aliada em sua jornada de fé.

DIÁRIO DE GRATIDÃO:

---

7 JUN

"Se, pois, o Filho vos libertar, verdadeiramente sereis livres." João, 8:36

FUJA DO QUE ESCRAVIZA SUA ALMA

Um vício é uma prisão disfarçada, que nos afasta da paz e liberdade que Deus deseja para nós. Seja qual for o hábito que nos controla, é preciso identificá-lo e tomar medidas para afastá-lo. Deus nos chama a uma vida livre de amarras, onde o domínio próprio é uma virtude. Encontre forças para vencer essas batalhas na oração e no apoio de pessoas que compreendem essa luta. Rompa com os vícios e abra-se para uma vida de plenitude e liberdade em Cristo.

MOTIVOS PARA ORAR:

8 JUN

> *"Em verdade vos digo que, se não vos converterdes e não vos fizerdes como crianças, de modo algum entrareis no reino dos céus."* Mateus, 18:3

PERMITA-SE REDESCOBRIR A SIMPLICIDADE

Deus valoriza o coração puro e simples da criança, que ama, acredita e perdoa sem complicações. Ao despertar a criança interior, você traz de volta a capacidade de sorrir, de acreditar no bem, de ter esperança e de confiar mais no Pai. Esse estado nos aproxima da fé genuína, da alegria espontânea e do amor sem reservas. Permita-se sentir a liberdade de ser como uma criança diante de Deus e redescubra a paz e a simplicidade que habitam o coração infantil.

REFLEXÕES:

_____
_____
_____
_____
_____
_____
_____

> *"Bem-aventurados os pacificadores, que serão chamados filhos de Deus."* Mateus, 5:9

9 JUN

BUSQUE A PAZ COM OS OUTROS

Ser pacificadora é um dom que pode transformar vidas. Quando você escolhe resolver conflitos em vez de alimentar ressentimentos, reflete o caráter de Deus. O papel de pacificadora exige coragem, empatia e firmeza. Em cada conflito, opte por responder com gentileza, considerando o ponto de vista do outro. Quando você semeia paz, seu coração se alinha ao de Deus, tornando-se uma luz para aqueles ao seu redor.

DIÁRIO DE GRATIDÃO:

_____
_____
_____
_____
_____
_____
_____

10 JUN

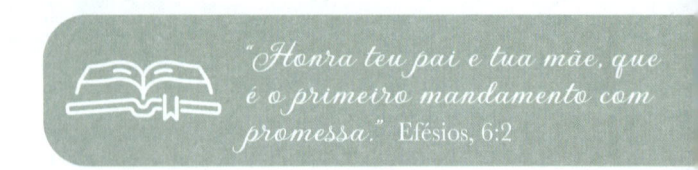

"Honra teu pai e tua mãe, que é o primeiro mandamento com promessa." Efésios, 6:2

HONRE SUAS RAÍZES COM AMOR E GRATIDÃO

A origem e a família que Deus nos deu são fundamentais para nosso crescimento e aprendizado. Honrar pai e mãe, valorizando a história e os ensinamentos de sua origem, é parte de viver o mandamento divino. Mesmo com imperfeições, eles desempenharam seu papel em nossa formação. Ao reconhecer e valorizar sua origem, você encontra forças para construir sua própria história com respeito e amor. Suas raízes são parte da sua identidade e uma fonte de sabedoria para seguir em frente.

DIÁRIO DE GRATIDÃO:

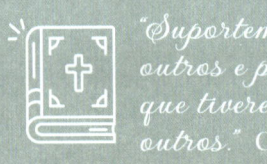

---

11 JUN

"Suportem-se uns aos outros e perdoem as queixas que tiverem uns contra os outros." Colossenses, 3:13

LIBERE AS MÁGOAS

Guardar mágoas é permitir que o passado prenda o seu coração. Perdoar não é esquecer, mas é decidir que essa dor não define mais sua vida. Deus nos convida a perdoar, não apenas para o bem de quem nos ofendeu, mas principalmente para o nosso próprio bem-estar. Ao liberar o perdão, você abre espaço para que a paz e o amor preencham sua alma. A decisão de perdoar é um ato de fé e liberdade, no qual você deixa nas mãos de Deus o que Ele fará.

MOTIVOS PARA ORAR:

12 JUN

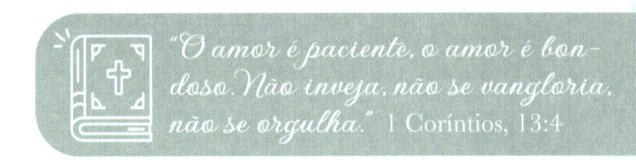

"O amor é paciente, o amor é bondoso. Não inveja, não se vangloria, não se orgulha." 1 Coríntios, 13:4

DIA DOS NAMORADOS: AME COM GENEROSIDADE E PACIÊNCIA

REFLEXÕES:

O amor verdadeiro é paciente e bondoso, é uma escolha diária que vai além dos sentimentos. Este amor não se alimenta do ego, mas da compaixão e da entrega. Valorize o parceiro ao seu lado com gestos e palavras que promovam a união e o crescimento de ambos. O amor ensinado por Deus nos lembra de ser mais pacientes, de perdoar e de entender. Esse é o tipo de amor que realmente sustenta e fortalece, fazendo com que cada dia ao lado da pessoa amada seja especial.

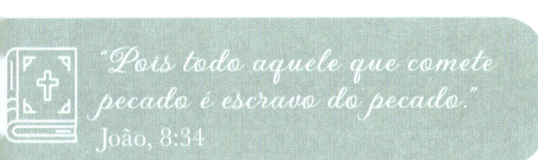

"Pois todo aquele que comete pecado é escravo do pecado." João, 8:34

13 JUN

ESCOLHA A LIBERDADE QUE DEUS OFERECE

DIÁRIO DE GRATIDÃO:

Vícios podem escravizar o corpo e a mente, tirando-nos da paz e do propósito divino. Jesus oferece uma liberdade que vai além das correntes de hábitos que nos prendem. Reconheça o peso que qualquer vício traz e, com fé, dê o primeiro passo em direção à mudança. Busque apoio, se necessário, e permita que Deus renove sua mente e suas atitudes. Cada decisão consciente é um passo em direção a uma vida leve e plena, onde Cristo reina em liberdade.

14 JUN

"Dá força ao cansado, e multiplica as forças ao que não tem nenhum vigor." Isaías, 40:29

RENOVE SUAS FORÇAS EM DEUS

A vida traz momentos de desgaste, mas há uma fonte inesgotável de força em Deus. Quando você espera n'Ele, encontra um descanso que não vem das circunstâncias, mas do seu Criador. Permita-se confiar, sabendo que Ele está ao seu lado para restaurar o que o cansa e fortalecê-la para os desafios. Recarregue sua fé e permita que a força divina revitalize seu espírito.

DIÁRIO DE GRATIDÃO:

_____
_____
_____
_____
_____
_____
_____

"No mundo tereis aflições, mas tende bom ânimo; eu venci o mundo." João, 16:33

15 JUN

TENHA ÂNIMO NAS AFLIÇÕES

Jesus alerta sobre as tribulações, mas também oferece consolo. Ele venceu as adversidades, e isso é uma promessa de vitória para você. As aflições não devem tirar sua esperança, mas fortalecer sua confiança em quem já venceu. Encontre forças em Sua vitória para perseverar nos momentos de dificuldade, sabendo que seu futuro está nas mãos daquele que tem poder sobre todas as coisas.

MOTIVOS PARA ORAR:

_____
_____
_____
_____
_____
_____
_____

16 JUN

"Pois somos criação de Deus realizada em Cristo Jesus para fazermos boas obras, as quais Deus preparou antes para nós as praticarmos." Efésios, 2:10

RECONHEÇA SUA BELEZA INTERIOR

Cada detalhe seu foi cuidadosamente pensado por Deus. Ele a criou de maneira única e especial, e você é uma obra-prima do Criador. Em um mundo que tenta ditar padrões, lembre-se da beleza singular que carrega. Ame-se e valorize-se, sabendo que cada traço seu reflete a perfeição divina. Agradeça pela sua vida e pela identidade que Ele lhe deu.

REFLEXÕES:

_____
_____
_____
_____
_____
_____

"No amor não há medo; antes, o perfeito amor lança fora o medo." 1 João, 4:18

17 JUN

VIVA SEM MEDO NO AMOR

O amor de Deus é a base segura em que você pode confiar. Esse amor perfeito dissipa os medos e inseguranças, oferecendo a paz. Quando vive com a certeza desse amor, é livre para ser autêntica e segura, sabendo que está plenamente amada e aceita. Permita-se experimentar essa liberdade, abraçando o amor de Deus como a fonte de confiança em sua vida.

DIÁRIO DE GRATIDÃO:

_____
_____
_____
_____
_____
_____
_____

18 JUN

"Até o insensato passará por sábio, se ficar quieto, e, se contiver a língua por inteligente." Provérbios, 17:28

PRATIQUE A MODERAÇÃO NO FALAR

Em um mundo que valoriza a exposição, o silêncio prudente é uma escolha poderosa. Evitar palavras impensadas preserva nossa paz interior e relações. Modere seus lábios para que suas palavras transmitam verdade, paz e edificação. Esse cuidado reflete nossa serenidade e capacidade de escutar. Praticar a moderação no falar é uma expressão de sabedoria, que deixa espaço para que a voz de Deus fale por meio de nossas atitudes.

DIÁRIO DE GRATIDÃO:

"Mulher virtuosa, quem a achará? O seu valor muito excede o de rubis." Provérbios, 31:10

19 JUN

HONRE SEU VALOR INESTIMÁVEL

Em uma sociedade que constantemente redefine o valor feminino, este versículo nos lembra que nosso valor é inestimável. Não depende de aparência, posses ou status, mas de virtudes sólidas que refletem quem somos de fato. Honre sua singularidade e busque virtudes que a elevem. Lembre-se de que seu valor é como o dos rubis: raro, precioso e único aos olhos de Deus, que a conhece em profundidade.

MOTIVOS PARA ORAR:

20 JUN

"Portanto, vede prudentemente como andais, não como néscios, mas como sábios, remindo o tempo, porquanto os dias são maus." Efésios, 5:15-16

VALORIZE CADA DIA

O tempo é um presente precioso, e reconhecer isso nos ajuda a viver com sabedoria e propósito. Valorizar cada dia nos faz conscientes do que importa: investir em quem somos e naqueles que amamos. Peça a Deus por um coração sábio, que saiba priorizar o essencial e cultivar momentos que nos aproximem de Sua vontade. Viver com sabedoria é abraçar o propósito de Deus para nossa vida diária.

REFLEXÕES:

---

21 JUN

"Ele dá a neve como lã; espalha a geada como cinza. Lança o seu gelo como pedaços; quem pode resistir ao seu frio?" Salmos, 147:16-17

ACOLHA O TEMPO DE INVERNO

Os dias de inverno, frios e desafiadores, simbolizam os momentos de introspecção e fortalecimento. Assim como a natureza descansa, permitindo que a vida se renove, aceite os tempos de "inverno" em sua vida como uma oportunidade de se fortalecer e preparar para novos começos. Permita-se esse tempo de descanso e restauração, lembrando que o sol voltará a brilhar.

DIÁRIO DE GRATIDÃO:

22 JUN

"Ao contrário, esteja no ser interior, que não perece, beleza demonstrada num espírito dócil e tranquilo, o que é de grande valor para Deus." 1 Pedro, 3:4

BUSQUE A VERDADEIRA BELEZA

Em uma era que valoriza a imagem, este versículo nos recorda que a verdadeira beleza vem de um coração que teme a Deus. Sua beleza interior reflete seu caráter e sua fé. Tema a Deus ao buscar viver em humildade e amor, priorizando o que é eterno sobre o efêmero. Não permita que os padrões externos ditem seu valor. Cultive um coração que O honra, e encontre sua verdadeira beleza em uma vida que exala amor e sabedoria.

DIÁRIO DE GRATIDÃO:

_____
_____
_____
_____
_____
_____

23 JUN

"Porque onde estiver o vosso tesouro, aí estará também o vosso coração." Mateus, 6:21

QUAIS SÃO SUAS PRIORIDADES?

Nossas prioridades revelam o que realmente valorizamos. Busque investir seu tempo, suas energias e seus pensamentos em tesouros que durem: amor, fé, família, amizades e propósitos que tocam o coração de Deus. Avalie onde você deposita seu tesouro, lembrando que o coração segue o que valorizamos. Coloque em primeiro lugar o que verdadeiramente traz sentido e paz duradoura.

MOTIVOS PARA ORAR:

_____
_____
_____
_____
_____
_____

24 JUN

"Sede fortes e corajosos, não temais, nem vos atemorizeis diante deles, pois o Senhor, vosso Deus, é quem vai convosco." Deuteronômio, 31:6

ENFRENTE O FUTURO COM CORAGEM

Enfrente o futuro com coragem, pois Deus está ao seu lado. Ele vai adiante, preparando o caminho e dando forças para os desafios. Não permita que o medo a detenha. Relembre que sua coragem é ancorada na presença fiel de Deus. Quando se sentir fraca, volte-se para Ele e seja renovada em Sua força. Ele a sustenta em todas as batalhas, garantindo que você não está só.

REFLEXÕES:

___

25 JUN

"Quando eu era menina, falava como menina, pensava como menina, raciocinava como menina. Quando me tornei mulher, deixei para trás as coisas de menina." 1 Coríntios, 13:11

VIVA ALÉM DOS CONTOS DE FADAS

Muitas vezes crescemos ouvindo histórias de príncipes e finais felizes. Mas, quando alcançamos a maturidade, aprendemos que a vida real exige mais que esperar o resgate; ela pede coragem, escolhas e autenticidade. Ser mulher é aceitar a beleza e a complexidade da vida real, onde nem tudo se resolve magicamente. Abrace sua força e suas experiências, sabendo que você tem o poder de construir seu próprio "final feliz", vivendo a verdade da sua jornada e encontrando o propósito que Deus tem para você.

DIÁRIO DE GRATIDÃO:

___

26 JUN

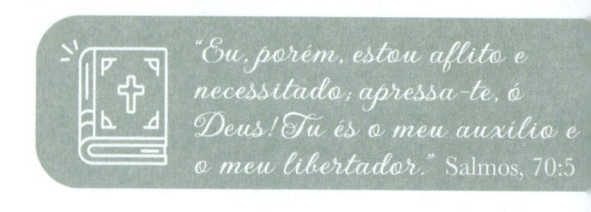

> "Eu, porém, estou aflito e necessitado; apressa-te, ó Deus! Tu és o meu auxílio e o meu libertador." Salmos, 70:5

CLAME PELO AUXÍLIO DE DEUS

Há momentos em que sentimos urgência no socorro divino. Reconheça suas necessidades diante de Deus, confiando que Ele é seu auxílio em cada situação. Ele entende suas aflições e se inclina para ouvi-la. Confie em Sua provisão e busque descanso em Sua presença. Ele está sempre pronto para ajudá-la e libertá-la do que a impede de viver plenamente.

DIÁRIO DE GRATIDÃO:

_____
_____
_____
_____
_____
_____

> "Ele fez tudo apropriado ao seu tempo. Também pôs no coração do homem o anseio pela eternidade." Eclesiastes, 3:11

27 JUN

ENCONTRE A PAZ EM CADA ESTAÇÃO

A vida é feita de estações: algumas cheias de alegria, outras de desafios e crescimento. Como mulheres, muitas vezes somos impulsionadas a buscar algo melhor, mas precisamos reconhecer que cada fase tem seu propósito. Em vez de resistir, abrace cada estação e confie que Deus está moldando algo eterno em você. Os momentos de espera ou silêncio também fazem parte do seu crescimento. Encontre paz em saber que o tempo de Deus é perfeito e que cada fase prepara seu coração para uma eternidade com Ele.

MOTIVOS PARA ORAR:

_____
_____
_____
_____
_____
_____

28 JUN

"Cria em mim, ó Deus, um coração puro e renova dentro de mim um espírito inabalável." Salmos, 51:10

DIA DA RENOVAÇÃO ESPIRITUAL

Hoje é um convite à renovação. Peça a Deus que purifique seu coração, removendo mágoas e dúvidas, e que fortaleça seu espírito. Deixe para trás o que a afasta de uma vida plena. Uma renovação espiritual é uma entrega total de suas inquietações e um desejo profundo de recomeçar. Permita que Ele transforme seu interior, trazendo paz e clareza. Encontre no Senhor a força para seguir em frente com fé renovada.

REFLEXÕES:

"E todos nós, que com a face descoberta contemplamos a glória do Senhor, segundo a sua imagem estamos sendo transformados com glória cada vez maior, a qual vem do Senhor, que é o Espírito."
2 Coríntios, 3:18

29 JUN

SEJA FIRME NOS SEUS VALORES

Em um mundo que constantemente define padrões sobre como devemos ser, agir e até nos vestir, é desafiador permanecer fiel a quem somos em Cristo. Como mulher, você é chamada a ser luz, não apenas seguindo tendências, mas influenciando com seus valores e caráter. Transforme sua mente diariamente com a Palavra e lembre-se de que você é única. Mantenha-se firme nos princípios que refletem a bondade e a sabedoria de Deus, confiando que sua verdadeira beleza e valor vêm d'Ele.

DIÁRIO DE GRATIDÃO:

30 JUN

AME A SI MESMA COMO DEUS TE AMA

"Como são preciosos para mim os teus pensamentos, ó Deus! Como é grande a soma deles!"
Salmos, 139:17

Muitas vezes, nós, mulheres, somos duras conosco, focando em nossas falhas ou no que pensamos faltar. Mas Deus te vê como preciosa, alguém digna de amor e honra. Valorize-se pelo que você é aos olhos d'Ele. Ame suas qualidades, suas particularidades e até seus defeitos. Cresça em autocompaixão, lembrando-se de que a opinião mais importante sobre você já foi dada: Deus te ama incondicionalmente. Ele te escolheu e te chama de filha, de amada. Ame-se, porque Ele já te ama exatamente como você é.

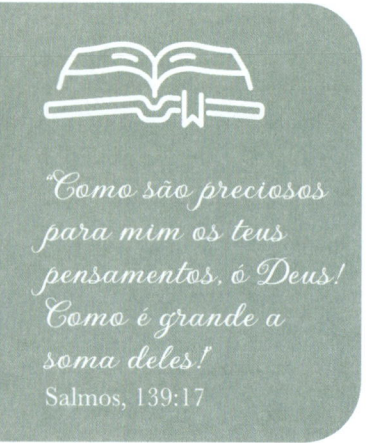

REFLEXÕES:

DIÁRIO DE GRATIDÃO:

Julho

1º JUL

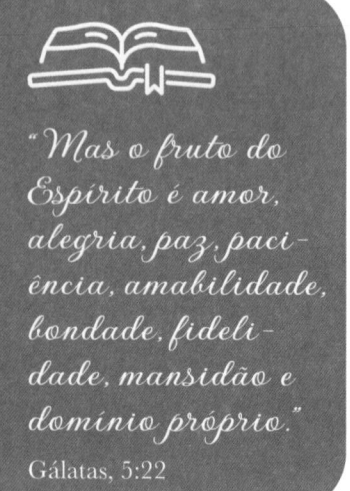

COMO ESTÁ O SEU JARDIM INTERIOR?

"Mas o fruto do Espírito é amor, alegria, paz, paciência, amabilidade, bondade, fidelidade, mansidão e domínio próprio."

Gálatas, 5:22

MOTIVOS PARA ORAR:

_____
_____
_____
_____
_____

Dentro de nós há um jardim que precisa de cuidado e atenção para florescer. Assim como cada planta exige nutrientes específicos, o Espírito de Deus também nos chama a cultivar certos frutos em nossa vida. Amar, ser gentil e buscar a paz são sementes que crescem e transformam nosso dia a dia em um espaço de luz e serenidade. Mas, para que esses frutos surjam, é preciso uma entrega contínua, que às vezes desafia nossos limites. Domínio próprio e paciência, por exemplo, crescem nos momentos de adversidade. Hoje, pergunte a si mesma: qual fruto precisa de mais atenção em seu jardim? Quando refletimos sobre o que cultivamos dentro de nós, percebemos que cada fruto do Espírito age como um guia, iluminando o caminho para sermos nossa melhor versão. O amor nos ensina a ver o outro com compaixão e a amar a nós mesmas com ternura, aceitando nossas imperfeições. A alegria, por sua vez, não depende das circunstâncias; é uma paz interna que floresce quando estamos conectadas a algo maior. Nesses pequenos gestos e intenções, a paz ganha vida, permitindo-nos responder ao mundo de forma serena, mesmo em meio à tempestade.

No entanto, cultivar essas virtudes requer prática constante, pois o jardim interior não cresce sozinho. Para que a paciência e o domínio próprio floresçam, é necessário persistir nos dias difíceis e confiar que esse esforço trará recompensas profundas. O que você planta em seu coração é o que define a colheita futura. Então, cuide desse jardim com carinho e determinação, regando cada fruto com sua fé e dedicação.

Aponte a câmera do seu celular para este QR Code e faça atividades complementares para aplicar esta reflexão de forma prática em seu dia a dia!

2 JUL

> "Rogo-vos, pois, irmãos, pelas misericórdias de Deus, que apresenteis os vossos corpos como sacrifício vivo, santo e agradável a Deus, que é o vosso culto racional." Romanos, 12:1

DESAFIOS E CONQUISTAS NA CARREIRA PROFISSIONAL

Na vida profissional, você enfrentará desafios e colherá conquistas, e em cada momento Deus a acompanha. Quando trabalhar com dedicação, lembre-se de que seu esforço honra a Ele. Nem sempre as recompensas vêm de imediato, mas a prática da persistência e a excelência em suas tarefas demonstram a fé que carrega. Cada conquista é fruto do talento que Ele lhe deu, e mesmo nas adversidades, sua dedicação é um testemunho de sua fé. Que seu trabalho seja realizado com propósito, pois Ele vê seu esforço e prepara o que é melhor para seu futuro.

REFLEXÕES:

_____
_____
_____
_____
_____
_____
_____

> "Inútil vos será levantar de madrugada, ou tardar em repouso, ou comer o pão de dores, pois assim dá ele aos seus amados o sono."
> Salmos, 127:2

3 JUL

É PRECISO TIRAR FÉRIAS

Em uma rotina cheia, é fácil esquecer que o descanso é essencial. Deus criou o trabalho, mas também o repouso, para que nosso corpo e mente sejam renovados. Tirar férias não é um luxo, é uma forma de reequilibrar as energias e lembrar que Ele está presente para aliviar nossos fardos. Longe das pressões diárias, permitimos que Ele renove nossas forças e nos prepare para os novos desafios que virão. Que você encontre no descanso uma chance de reencontrar sua essência e de renovar sua conexão com Deus, que cuida de cada detalhe para que sua jornada seja mais leve.

DIÁRIO DE GRATIDÃO:

_____
_____
_____
_____
_____
_____
_____
_____

4 JUL

"Sejam fortes e corajosos. Não tenham medo nem fiquem apavorados por causa delas, pois o Senhor, o seu Deus, vai com vocês; nunca os deixará, nunca os abandonará." Deuteronômio, 31:6

TENHA PODER E EQUILÍBRIO

O empoderamento emocional começa ao reconhecer que você tem em si o espírito de Deus, um espírito que não teme, mas que é forte e equilibrado. Nas dificuldades, é comum se sentir insegura ou desanimada, mas lembre-se de que Ele já lhe deu a coragem necessária. O poder, o amor e o equilíbrio que você precisa para enfrentar as situações estão dentro de você, fortalecidos pela presença de Deus. Que cada dia seja uma oportunidade de expressar essa força emocional que Ele lhe concedeu, e que você possa agir com confiança e serenidade, sabendo que Ele a ampara em todos os momentos.

DIÁRIO DE GRATIDÃO:

_____
_____
_____
_____
_____
_____

5 JUL

"Lancem sobre ele toda a sua ansiedade, porque ele tem cuidado de vocês." 1 Pedro, 5:7

PAZ PARA A MENTE

Deus deseja que você tenha paz e que seu coração esteja livre da ansiedade que pesa e rouba a alegria. Em um mundo que pressiona e exige, sua saúde mental é um bem precioso, algo que precisa ser cuidado com carinho. Nos momentos de tensão, Ele convida você a se abrir em oração, a entregar seus medos e inquietações em Suas mãos. Ele cuida de cada detalhe, e confia que Ele está no controle da sua vida. Permita que o cuidado de Deus renove sua mente, trazendo paz e serenidade para enfrentar cada dia com leveza e gratidão.

MOTIVOS PARA ORAR:

_____
_____
_____
_____
_____
_____

6 JUL

> *"Amados, amemos uns aos outros, pois o amor procede de Deus. Aquele que ama é nascido de Deus e conhece a Deus."* 1 João, 4:7

FAÇA LAÇOS DE AMOR E AMIZADE

Deus nos presenteia com amizades e relações amorosas que refletem Seu amor por nós. Relações saudáveis não são apenas sobre convivência, mas sobre apoio, compreensão e presença mútua em cada fase da vida. É nos laços de amor e amizade que encontramos refúgio e compartilhamos alegrias e desafios. Cultivar relações verdadeiras e amorosas é uma maneira de honrar o amor de Deus, que nos fez para vivermos em comunidade. Que hoje você valorize os amigos e amores em sua vida, mantendo esses laços fortalecidos pelo respeito e pelo afeto, como Ele nos ensina.

REFLEXÕES:

_____
_____
_____
_____
_____
_____
_____

7 JUL

> *"Quem é você para julgar o servo alheio? Para seu próprio senhor, ele está em pé ou cai."* Romanos, 14:4

LIVRE-SE DO JULGAMENTO DOS OUTROS

Muitas vezes, o peso dos julgamentos alheios tenta nos desviar do caminho de Deus. Mas lembre-se: Ele é o único que conhece verdadeiramente seu coração. Não permita que o olhar dos outros defina sua jornada ou abale sua fé. Liberte-se da necessidade de aprovação humana e foque na aprovação de Deus, que a ama incondicionalmente. A opinião d'Ele é a única que importa. Caminhe confiante, sabendo que sua vida é um reflexo da graça e do propósito que Ele tem para você.

DIÁRIO DE GRATIDÃO:

_____
_____
_____
_____
_____
_____
_____
_____

8 JUL

> "Eis que faço uma coisa nova, agora sairá à luz; porventura não a percebeis? Eis que porei um caminho no deserto, e rios no ermo"
> Isaías, 43:19

ENFRENTANDO MUDANÇAS DE FASES E CICLOS DA VIDA

A vida é uma sucessão de fases e ciclos, cada um com seu propósito e valor. Deus nos lembra que cada etapa tem um tempo, e que nada acontece por acaso. As mudanças podem ser desafiadoras e, às vezes, difíceis de aceitar, mas também trazem crescimento e novos horizontes. Ao abraçar cada fase da vida com fé, você permite que Deus molde seu coração e prepare-o para o que virá. Encare as transições como uma oportunidade de confiar mais em Deus, sabendo que Ele guia cada ciclo com sabedoria e amor para seu bem.

DIÁRIO DE GRATIDÃO:

---

9 JUL

> "Examina-me, Senhor, e prova-me; esquadrinha o meu coração e a minha mente." Salmos, 26:2

DESCUBRA QUEM VOCÊ É

O autoconhecimento é um convite de Deus para que você se aproxime da sua essência, livre de máscaras e barreiras. Ao permitir que Ele revele seu coração e seus pensamentos, você ganha a chance de enxergar suas virtudes e áreas a melhorar. Esse crescimento pessoal é um presente de Deus, uma forma de viver de forma mais plena e verdadeira. A jornada de autoconhecimento traz paz, pois cada descoberta sobre si mesma fortalece sua identidade e propósito. Hoje, permita que Ele a guie no entendimento de si, renovando suas forças e visão.

MOTIVOS PARA ORAR:

10 JUL

"Não fui eu que ordenei a você? Seja forte e corajoso! Não se apavore nem desanime, pois o Senhor, o seu Deus, estará com você por onde você andar". Josué, 1:9

LIDERANÇA COM PROPÓSITO

Deus deu à mulher uma força única para liderar com coragem, virtude e amor. Seu valor, como diz o versículo, é precioso, e sua liderança pode ser fonte de inspiração e mudança. Na família, no trabalho ou na comunidade, sua capacidade de influenciar positivamente reflete o cuidado e a dedicação que Deus colocou em seu coração. Lidere com humildade e confiança, sabendo que Ele a capacita para ser uma luz onde quer que vá. Hoje, deixe sua liderança ser guiada pelo amor divino, que sempre busca o bem e a justiça.

REFLEXÕES:

"Os filhos são herança do Senhor, uma recompensa que ele dá." Salmos, 127:3

11 JUL

A MISSÃO DE SER MÃE

A maternidade é uma das missões mais desafiadoras e sagradas que Deus confia à mulher. Em tempos de tantas mudanças e desafios modernos, educar filhos com valores sólidos e fé é uma responsabilidade que exige sabedoria e amor. Deus a capacita para ser exemplo e guia, orientando seus filhos no caminho da bondade e da fé. Em cada gesto e ensinamento, você planta sementes que darão frutos para a vida inteira. Confie que Ele está com você nessa jornada, oferecendo força para lidar com cada desafio, sempre com amor e paciência.

DIÁRIO DE GRATIDÃO:

12 JUL

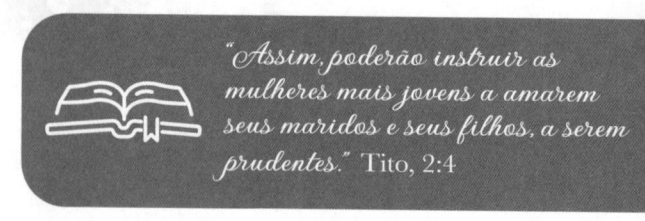

> "Assim, poderão instruir as mulheres mais jovens a amarem seus maridos e seus filhos, a serem prudentes." Tito, 2:4

A INFLUÊNCIA DA MULHER NA FAMÍLIA

A presença de uma mulher na família é fundamental, pois ela é um reflexo do amor e da sabedoria que Deus colocou em seu coração. A cada gesto, palavra e decisão, você molda seu lar, cultivando um ambiente de paz e união. Deus lhe deu o dom de edificar sua casa com sabedoria e amor, e é através de sua influência que o lar se torna um refúgio para todos que o habitam. Hoje, valorize esse papel que Deus confiou a você, sabendo que sua força e sua fé fazem a diferença, e que Ele a guia em cada passo.

DIÁRIO DE GRATIDÃO:

> "O Senhor não vê como o homem: o homem vê a aparência, mas o Senhor vê o coração." 1 Samuel, 16:7

13 JUL

COMO LIDAR COM A PRESSÃO SOCIAL SOBRE PADRÕES DE BELEZA

Em um mundo que valoriza tanto a aparência, Deus nos lembra que o verdadeiro valor está no coração. Ele não se importa com padrões superficiais, mas com a essência e o caráter que você carrega. Sua beleza é muito mais do que o físico; ela está no seu amor, sua compaixão e sua fé. Liberte-se das pressões externas e foque no que realmente importa. Deus a vê de forma completa e a ama por quem você é. Cuide de sua alma e lembre-se de que sua beleza interior é o que mais agrada a Ele.

MOTIVOS PARA ORAR:

14 JUL

> "O Senhor Deus me deu uma língua instruída, para saber a palavra que sustém o cansado." Isaías, 50:4

CRIATIVIDADE E EMPREEN-DEDORISMO FEMININO

Deus concede dons únicos para cada pessoa, e a criatividade é uma expressão de Seu amor e de Suas bênçãos. No empreendedorismo, use esse dom com coragem e inovação, sabendo que cada ideia é uma oportunidade de servir e edificar. Ele lhe dá visão para criar e habilidade para empreender, mesmo quando os caminhos são desafiadores. Que sua criatividade seja uma forma de abençoar sua vida e a de outros, sempre com propósito e honestidade. Hoje, permita que Ele guie cada passo, enchendo sua mente de sabedoria e inspiração.

REFLEXÕES:

_____

_____

_____

_____

_____

_____

_____

> "Assim como o ferro afia o ferro, o homem afia o seu companheiro." Provérbios, 27:17

15 JUL

UNIDAS E FORTALECIDAS: A IMPORTÂNCIA DO APOIO ENTRE MULHERES

Mulheres que se apoiam mutuamente são mais fortes e resilientes. Deus nos ensina que a união é uma fonte de força, onde aprendemos, crescemos e nos sustentamos. Valorize as mulheres que estão ao seu lado, seja na amizade, no trabalho ou na família, oferecendo apoio e encorajamento. Em cada troca, você compartilha amor e eleva outra mulher, cumprindo o propósito divino de comunhão. Que hoje você encontre alegria e força na união com outras mulheres, sabendo que juntas, são luz e apoio uma para a outra.

DIÁRIO DE GRATIDÃO:

_____

_____

_____

_____

_____

_____

_____

16 JUL

"Porque Deus é quem efetua em vós tanto o querer como o realizar, segundo a sua boa vontade." Filipenses, 2:13

SUPERE SUAS INSEGURANÇAS COM CONFIANÇA

Inseguranças podem surgir e nos desviar de nossos propósitos, mas Deus opera em nós para que possamos agir com confiança. Ele nos conhece e sabe das nossas fragilidades, mas também nos fortalece para superá-las. Através de Sua graça, você pode vencer os medos e acreditar que Ele está ao seu lado em cada passo. Quando as dúvidas surgirem, lembre-se de que você tem o apoio de um Deus que não a abandona e que, com amor, capacita você a realizar o que é necessário.

DIÁRIO DE GRATIDÃO:

___

"Em seu coração o homem planeja os seus caminhos, mas o Senhor determina os seus passos." Provérbios, 16:9

17 JUL

COMO FAZER UMA ROTINA CRIATIVA

Deus nos incentiva a viver cada momento com propósito, sabendo que há um tempo certo para cada atividade. Criar uma rotina criativa é alinhar sua vida com essa sabedoria, reservando tempo para o que nutre sua alma e enche seu coração de alegria. Permita-se explorar novas ideias, sem pressa ou pressão, valorizando o tempo que Deus lhe deu. Quando organizamos nossa rotina com leveza e propósito, encontramos paz e inspiração, sempre lembrando que Ele nos guia para usar nossos talentos de forma plena e satisfatória.

MOTIVOS PARA ORAR:

___

18 JUL

"Portanto, cada um de vocês deve abandonar a mentira e falar a verdade ao seu próximo, pois todos somos membros de um mesmo corpo." Efésios, 4:25

COMO DIZER "NÃO" SEM OFENDER

REFLEXÕES:

Dizer "não" é um ato de amor-próprio e honestidade, e Deus nos ensina a falar com clareza e verdade. Quando definimos limites com carinho, permitimos que nosso "não" seja uma expressão de cuidado, tanto com nós mesmos quanto com o outro. Não se sinta culpada por proteger seu tempo e energia; em vez disso, veja nisso uma forma de respeitar o propósito de Deus para sua vida. Hoje, ao dizer "não", que seja com respeito e serenidade, confiando que a clareza nas palavras é um reflexo da paz que Ele coloca em seu coração.

"Aquele que tem duas túnicas, reparta com quem não tem." Lucas, 3:11

19 JUL

DIA DA CARIDADE

DIÁRIO DE GRATIDÃO:

Deus nos convida a viver uma vida de generosidade, compartilhando com os outros o que temos de melhor. A caridade é uma forma de expressar Seu amor, cuidando dos que estão ao nosso redor. Seja através de um ato pequeno ou de um gesto grandioso, quando oferecemos ao próximo, levamos também um pouco do amor de Deus. Neste Dia da Caridade, lembre-se de que o que você compartilha não precisa ser grande; basta que seja sincero. Cada ato de generosidade é uma maneira de fazer a diferença na vida de alguém e de honrar o amor divino.

20 JUL

"E, se alguém quiser prevalecer contra um, os dois lhe resistirão; e o cordão de três dobras não se quebra tão depressa."
Eclesiastes, 4:12

DIA DO AMIGO

A amizade é um presente de Deus, uma forma de encontrar apoio e amor em cada momento da vida. No Dia do Amigo, valorize esses laços que tornam os dias mais leves e cheios de alegria. Nas dificuldades, um amigo é aquele que nos fortalece, nos escuta e caminha ao nosso lado. Agradeça a Deus pelas amizades verdadeiras e cuide dessas relações, cultivando o amor e o respeito mútuo. Hoje, que cada palavra e gesto com suas amigas reflitam a gratidão por esse presente precioso que Ele coloca em sua vida.

DIÁRIO DE GRATIDÃO:

_____
_____
_____
_____
_____
_____
_____

21 JUL

"Porque andamos por fé, e não por vista." 2 Coríntios, 5:7

A FORÇA DA FÉ FEMININA

A fé é o pilar da vida de cada mulher que caminha com Deus, oferecendo esperança e força para enfrentar os desafios diários. Mesmo quando as circunstâncias são difíceis e o futuro é incerto, confiar no amor de Deus traz paz ao coração. A fé permite que você veja além das dificuldades, acreditando no cuidado e na proteção divinos. Deus a acompanha em cada momento, renovando suas forças para que você continue caminhando com coragem. Que hoje você se sinta fortalecida por essa fé inabalável que a conecta ao propósito divino.

MOTIVOS PARA ORAR:

_____
_____
_____
_____
_____
_____

22 JUL

"O Senhor, contudo, disse a Samuel: Não considere sua aparência nem sua altura, pois eu o rejeitei. O Senhor não vê como o homem: o homem vê a aparência, mas o Senhor vê o coração." 1 Samuel, 16:7

SEJA AUTÊNTICA

Em tempos em que as redes sociais promovem padrões irreais, Deus nos chama a viver com autenticidade, buscando valor no que realmente importa. Ele vê seu coração e ama você por quem você é, não pela aparência ou aprovação de outros. Cultivar autenticidade é uma forma de honrar a si mesma e ao propósito que Ele colocou em sua vida. Liberte-se das pressões externas e abrace sua verdadeira essência. Hoje, que sua autenticidade seja seu maior testemunho, lembrando que o valor de uma mulher vem de seu caráter e de sua fé.

REFLEXÕES:

_____
_____
_____
_____
_____
_____
_____

"A beleza dos jovens está na sua força; a glória dos idosos, nos seus cabelos brancos." Provérbios, 20:29

23 JUL

COMO LIDAR COM O ENVELHECIMENTO E AS MUDANÇAS FÍSICAS

O envelhecimento é uma jornada abençoada por Deus, uma prova da sabedoria e das experiências que a vida traz. Cada linha e cada mudança física são marcas de momentos vividos com coragem e fé. Deus valoriza a essência de seu coração, independentemente da aparência externa, e vê em cada fase da vida algo único e belo. Ao aceitar com gratidão essa etapa, você honra o tempo e a sabedoria que Deus lhe concedeu. Que hoje você se sinta plena em sua própria pele, sabendo que Ele a vê como uma obra preciosa e amada.

DIÁRIO DE GRATIDÃO:

_____
_____
_____
_____
_____
_____
_____

24 JUL

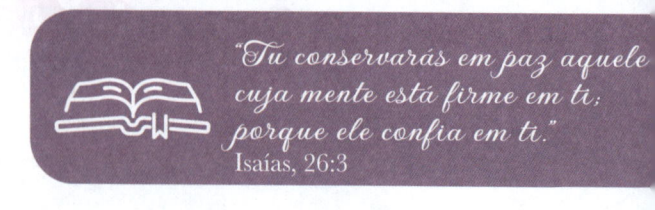

"Tu conservarás em paz aquele cuja mente está firme em ti; porque ele confia em ti." Isaías, 26:3

CULTIVE A PAZ INTERIOR

A busca pelo equilíbrio emocional é um exercício de paz e confiança em Deus. Ele nos ensina a cultivar a calma e a paciência, para que possamos encontrar serenidade mesmo nos momentos difíceis. Quando nossa mente e coração estão em paz, podemos ser uma fonte de tranquilidade e alegria para nós mesmos e para quem está ao nosso redor. Que hoje você busque o equilíbrio emocional com a certeza de que Deus é seu guia, ajudando-a a se reconectar com o que realmente importa e a viver com leveza e confiança.

DIÁRIO DE GRATIDÃO:

"Consagre ao Senhor tudo o que você faz, e os seus planos serão bem-sucedidos." Provérbios, 16:3

25 JUL

PERSIGA SEUS SONHOS COM FÉ

Deus coloca sonhos e propósitos no coração de cada mulher, desejando que ela busque suas realizações com coragem. Ao seguir seus sonhos, você honra o propósito que Ele desenhou para sua vida. Mesmo que o caminho seja desafiador, lembre-se de que Ele conhece cada passo e está ao seu lado. Não desista do que Deus colocou em seu coração; seus sonhos são preciosos aos olhos d'Ele. Que hoje você encontre forças para seguir em frente, sabendo que Ele é o guia de seus passos e a fonte de toda motivação.

MOTIVOS PARA ORAR:

26 JUL

> *"Agora, quando estou velho e de cabelos brancos, não me abandones, ó Deus, para que eu possa falar da tua força a esta geração, e do teu poder a todos os que hão de vir."* Salmos, 71:18

DIA DOS AVÓS

Os avós representam sabedoria, amor e história. Honrar aqueles que vieram antes de nós é uma forma de valorizar nossas raízes e agradecer por suas [li]ções. Deus nos convida a cuidar e a respeitar esses [l]aços, reconhecendo o valor de cada geração. Neste [D]ia dos Avós, reserve um momento para agradecer por suas histórias e por tudo que aprenderam e compartilharam. Que hoje você celebre esses vínculos com gratidão, percebendo como eles refletem [o] amor e a presença de Deus em sua família.

REFLEXÕES:

---

27 JUL

> *"Ergue a voz em favor dos que não podem defender-se, seja o defensor de todos os desamparados."* Provérbios, 31:8

O PAPEL DAS MULHERES NA CONSTRUÇÃO DE UMA SOCIEDADE MAIS JUSTA

Deus nos chama a ser instrumentos de justiça [e] amor, promovendo um mundo mais acolhedor [e] justo. As mulheres têm um papel especial nesse [p]rocesso, com sua força e compaixão, para enfrentar injustiças e lutar pelo bem comum. Seu compromisso com a justiça é um reflexo do coração de Deus, que deseja um mundo de paz e [i]gualdade. Atualmente, seja uma agente de transformação em sua comunidade, usando sua voz e [s]uas ações para defender aqueles que mais precisam, com fé e determinação.

DIÁRIO DE GRATIDÃO:

28 JUL

"Ensina-os a teus filhos e aos filhos dos teus filhos." Deuteronômio, 4:9

COMO SER EXEMPLO DE FORÇA PARA AS FUTURAS GERAÇÕES

Ser um exemplo de força é um legado poderoso para as futuras gerações. Deus nos ensina a transmitir valores e fé, mostrando às gerações seguintes como caminhar com coragem e integridade. Ao demonstrar força e resiliência em suas ações, você inspira filhos, netos e outros a perseverarem e confiarem em Deus. Seja uma luz, lembrando que o impacto que deixa nos outros é duradouro e valioso. Que cada escolha sua seja um reflexo da fé e da determinação que Deus coloca em seu coração, inspirando as futuras

DIÁRIO DE GRATIDÃO:

"O Senhor é a minha força e o meu escudo; nele o meu coração confia, e dele recebo ajuda. Meu coração exulta de alegria, e com meu cântico lhe darei graças." Salmos, 28:7

29 JUL

FORÇA NA FRAGILIDADE

Enfrentar desafios de saúde pode trazer medo e incerteza, mas Deus é seu pastor, guiando e sustentando você a cada momento. Ele está presente em meio às batalhas, fortalecendo sua alma e trazendo paz ao coração. Embora o corpo possa passar por dificuldades, sua fé é inabalável, pois Deus é sua fonte de coragem e conforto. Confie que Ele está com você e que, nos momentos de fragilidade, sua força se torna ainda mais evidente. Hoje, coloque suas preocupações nas mãos d'Ele, confiando que Ele cuida de você.

MOTIVOS PARA ORAR:

30 JUL

"Venham repousar um pouco." Marcos, 6:31

A IMPORTÂNCIA DO TEMPO PARA SI MESMA

Reservar tempo para si mesma não é egoísmo; é um ato de amor-próprio e de obediência a Deus, que quer que você cuide bem de sua saúde e bem-estar. Em um mundo que exige tanto, dedicar tempo para descansar e se reconectar com Ele é essencial para renovar forças. Tire momentos para refletir, orar e se refazer, confiando que Deus está ao seu lado nesse cuidado. Hoje, busque esse tempo de paz para você, sabendo que Ele a incentiva a encontrar equilíbrio e tranquilidade.

REFLEXÕES:

"Assim brilhe a luz de vocês diante dos homens, para que vejam as suas boas obras." Mateus, 5:16

31 JUL

SEJA LUZ NA VIDA DE OUTRAS MULHERES

Inspirar mulheres é um chamado de Deus para que sua luz brilhe e encoraje quem está ao seu redor. Sua história e atitudes podem impactar vidas, mostrando como a fé e a coragem transformam o mundo. Ao agir com bondade, você reflete o amor divino, tornando-se uma fonte de esperança. Ser luz é compartilhar sua jornada, oferecer apoio genuíno e lembrar que pequenas ações geram grandes mudanças. Palavras de incentivo e gestos de empatia alimentam a confiança e criam uma rede de força, superando desafios e celebrando conquistas em união e amor.

DIÁRIO DE GRATIDÃO:

Agosto

1º AGO

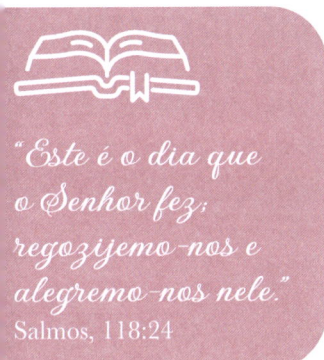

AGOSTO, UM MÊS DE ALEGRIA E PROPÓSITO

"Este é o dia que o Senhor fez; regozijemo-nos e alegremo-nos nele."
Salmos, 118:24

Que tal desafiar a ideia de que agosto é o "mês do desgosto"? O que carregamos em nossos corações influencia o modo como vivemos cada dia, e o Senhor nos lembra que todos os dias, incluindo os de agosto, são presentes para serem vividos com propósito. Esse versículo é um convite para transformar a maneira como olhamos para este mês: ao invés de prevermos dificuldades, podemos abrir espaço para novas bênçãos, lembrando que cada manhã é um recomeço. Que agosto seja um tempo de gratidão e de alegria genuína, onde você perceba o amor e o cuidado de Deus em cada detalhe, não importando as circunstâncias ao seu redor.

MOTIVOS PARA ORAR:

DIÁRIO DE GRATIDÃO:

Aponte a câmera do seu celular para este QR Code e faça atividades complementares para aplicar esta reflexão de forma prática em seu dia a dia!

2 AGO

"Como alguém a quem sua mãe consola, assim eu os consolarei; e em Jerusalém vocês serão consolados." Isaías, 66:13

O AMOR QUE ALIMENTA

A amamentação é um ato de doação, onde mãe e filho experimentam um vínculo inigualável. Assim como o leite nutre o corpo, o amor de Deus nutre nossa alma. Em cada cuidado, Ele demonstra sua presença, um consolo constante. Lembre-se de que Deus é a fonte de todo o amor e, através da amamentação, Ele te capacita a nutrir a vida de alguém. Que esse vínculo seja também um momento de oração, para que você se sinta renovada em seu papel de cuidadora e fortalecida para a jornada.

DIÁRIO DE GRATIDÃO:

3 AGO

"Deus é o nosso refúgio e fortaleza, socorro bem presente na angústia." Salmos, 46:1

VOCÊ VAI DAR CONTA

Em meio aos desafios e à correria, Deus te vê e sustenta. Lembre-se de que Ele é sua fortaleza, um apoio seguro para cada obstáculo. Se você sente que a carga é pesada, confie que Ele te capacita a prosseguir. Respire fundo e saiba que não está só; Ele está contigo, fortalecendo seus passos e guiando cada decisão. Tenha coragem e saiba que, na força de Deus, você é capaz de enfrentar tudo que vier.

MOTIVOS PARA ORAR:

4 AGO

"Deus está no meio dela; não se abalará. Deus a ajudará já ao romper da manhã." Salmos, 46:5

ONDE VOCÊ QUISER ESTAR

Você é chamada a ser quem deseja e estar onde se sente plena. A força e a dignidade que vêm de Deus te habilitam a enfrentar qualquer espaço com confiança e integridade. Ao lembrar disso, recuse as limitações impostas. Deus não te vê com restrições; Ele te vê como alguém capaz de ser uma luz em qualquer lugar. Que cada novo passo seja feito com o sorriso da esperança e a certeza de que sua presença transforma.

REFLEXÕES:

_____
_____
_____
_____
_____
_____
_____

"Seja forte e corajosa. Não se apavore, nem desanime, pois o Senhor, o seu Deus, estará com você por onde você andar." Josué, 1:9

5 AGO

LIDERANDO COM CORAGEM

Liderança é mais do que posição; é um chamado para inspirar e guiar outros com sabedoria e coragem. Quando Deus te orienta a ser forte, Ele não te deixa sozinha nessa jornada. Ele anda ao seu lado, inspirando suas decisões e fortalecendo sua alma. Permita que sua força de mulher seja exemplo de fé e determinação para quem está ao seu redor. A liderança que você exerce é um reflexo da presença de Deus em sua vida.

DIÁRIO DE GRATIDÃO:

_____
_____
_____
_____
_____
_____
_____

6 AGO

"Confia no Senhor e faze o bem; habitarás na terra e verdadeiramente serás alimentado. Deleita-te também no Senhor, e Ele te concederá o que deseja o teu coração." Salmos, 37:3-4

FAÇA ACONTECER!

A força que Deus te dá é ilimitada, capaz de realizar o que você sonha. Ele te capacita a agir, a correr atrás e a fazer acontecer. Ao colocar sua confiança em Deus, você pode conquistar grandes coisas, sabendo que Ele te fortalece em cada passo. Faça de hoje um dia de decisão e movimento, lembrando-se de que você pode alcançar o que deseja com o auxílio d'Aquele que te impulsiona.

DIÁRIO DE GRATIDÃO:

_____
_____
_____
_____
_____
_____
_____

7 AGO

"E conhecerão a verdade, e a verdade os libertará." João, 8:32

VERDADES QUE CURAM

Muitas mentiras tentam minar a autoestima das mulheres, mas Jesus nos chama para a verdade que liberta. Quebre as correntes dos pensamentos que te limitam e abrace a verdade divina sobre quem você é. Deus te vê como alguém completa, forte e amada. Ao mergulhar nessa realidade, permita-se viver plenamente, deixando as mentiras para trás e se fortalecendo nas promessas de Deus.

MOTIVOS PARA ORAR:

_____
_____
_____
_____
_____
_____

8 AGO

"Pai das misericórdias e Deus de toda consolação, que nos consola em todas as nossas tribulações, para que, com a consolação que recebemos de Deus, possamos consolar os que estão passando por tribulações."
2 Coríntios, 1:3-4

RESTAURE-SE NO AMOR DE DEUS

Em meio à dor e ao sofrimento, saiba que Deus está contigo. Ele se aproxima das mulheres que carregam dores profundas e oferece consolo, restaurando-as aos poucos. Sua tristeza é compreendida e acolhida pelo Senhor, que deseja te transformar e curar. Aproxime-se de Deus em sua vulnerabilidade, sabendo que Ele é o bálsamo para as feridas do seu coração.

REFLEXÕES:

9 AGO

"Não há judeu nem grego, escravo nem livre, homem nem mulher; pois todos são um em Cristo Jesus." Gálatas, 3:28

NÃO SOFRA COM PRECONCEITOS

Diante do preconceito, a lembrança de que somos todos um em Cristo traz paz e força. Deus não faz distinção de gênero, etnia ou status; todos são valiosos e amados. Quando enfrentar julgamentos, recorde-se de que você tem valor eterno aos olhos d'Ele. Mantenha-se firme, pois seu verdadeiro valor está em quem você é em Cristo, e não nas opiniões dos outros.

DIÁRIO DE GRATIDÃO:

10 AGO

"O pai do justo exultará de alegria." Provérbios, 23:24

CELEBRE O DIA DOS PAIS

Neste Dia dos Pais, celebre a importância do amor paterno e da figura que guia com sabedoria e proteção. Se você tem um pai ou figura paterna que inspira, honre esse valor e relembre os ensinamentos preciosos que recebeu. E se Deus é seu Pai celestial, Ele é seu guia constante, ensinando e apoiando cada passo. Que o amor paterno te inspire a buscar a justiça e o bem em tudo.

DIÁRIO DE GRATIDÃO:

_____
_____
_____
_____
_____
_____
_____

"Pois o Senhor é quem dá sabedoria; de sua boca procedem o conhecimento e o discernimento." Provérbios, 2:6

11 AGO

DIA DO ESTUDANTE

Como estudantes da vida e da fé, buscamos sabedoria em Deus, o Mestre que instrui com amor. Ele nos capacita a aprender, crescer e a discernir o que é melhor. Em cada passo, confie que o aprendizado trazido por Deus é rico e transformador. Seja nos estudos formais ou nas lições diárias, sua busca pelo conhecimento é uma jornada abençoada e um reflexo da sabedoria divina.

MOTIVOS PARA ORAR:

_____
_____
_____
_____
_____
_____

12 AGO

"Deus faz que o solitário viva em família; liberta aqueles que estão presos em correntes." Salmos, 68:6

TRANSFORME A SOLIDÃO EM ENCONTRO

A solidão pode nos atingir em profundidade, mas ela também pode ser um convite de Deus para um relacionamento mais próximo com Ele. Deus promete colocar os solitários em famílias e trazer companhia aos nossos dias, ainda que sejam pequenos momentos de conexão. Quando se sentir sozinha, busque o propósito de estar com o Senhor, permitindo que Ele preencha o seu coração e que você encontre novos vínculos. Ele pode abrir portas para relacionamentos profundos, mesmo nas horas mais silenciosas.

REFLEXÕES:

"Enviou-me para cuidar dos que estão com o coração quebrantado, anunciar liberdade aos cativos e libertação das trevas aos prisioneiros." Isaías, 61:1

13 AGO

CURE SUAS FERIDAS COM A PAZ DE DEUS

Feridas da alma podem marcar nossa jornada e nos paralisar. Mas Deus é aquele que conhece nosso coração em profundidade e pode curá-lo. Ao reconhecer as dores que carrega, permita que o Senhor trate cada uma com amor e paciência. Abra seu coração para esse processo de cura, com a certeza de que Ele se importa com cada detalhe. Confie que, na Sua presença, você encontrará alívio para a dor, um bálsamo para a alma e a paz que restaura.

DIÁRIO DE GRATIDÃO:

14 AGO

"Acima de tudo, guarde o seu coração, pois dele depende toda a sua vida." Provérbios, 4:23

AME COM SABEDORIA

Amar é um dos maiores presentes que Deus nos deu, mas é preciso cuidar para não se entregar além dos limites. Guardar o coração não é fechar-se, mas saber equilibrar seus afetos e reconhecer o que lhe faz bem. Ame sem que isso signifique se perder de si mesma; coloque limites que protejam sua paz e saúde emocional. O Senhor ensina que um amor verdadeiro também é prudente e autêntico, sempre respeitando seu próprio valor.

DIÁRIO DE GRATIDÃO:

"Tendo os olhos fitos em Jesus, autor e consumador da nossa fé. Ele, pela alegria que lhe fora proposta, suportou a cruz, desprezando a vergonha, e assentou-se à direita do trono de Deus." Hebreus, 12:2

15 AGO

SEJA CAPAZ DE SE REINVENTAR

Deus nos chama a uma constante renovação, a não aceitar as limitações que o mundo impõe. Reinventar-se é abrir espaço para o novo, aprendendo e redescobrindo talentos que talvez estivessem adormecidos. Sempre que você enfrentar desafios, lembre-se de que pode se transformar e crescer. Permita que o Senhor guie suas escolhas e moldar sua mente, trazendo uma nova perspectiva e coragem para seguir adiante em Sua direção.

MOTIVOS PARA ORAR:

16 AGO

"Embora o meu coração e o meu corpo enfraqueçam, Deus é a força do meu coração e a minha herança para sempre." Salmos, 73:26

FORTALEÇA SUA MENTE EM DEUS

Ter uma mentalidade forte é confiar que Deus nos deu tudo o que precisamos para enfrentar os desafios com coragem e equilíbrio. Não é a ausência de medo, mas a capacidade de continuar, mesmo quando tudo parece incerto. Em cada obstáculo, busque forças em Deus, lembrando que Ele já colocou em você um espírito de poder e equilíbrio. Que a Sua presença fortaleça seu coração e renove sua mente para seguir em paz e confiança.

REFLEXÕES:

_____
_____
_____
_____
_____
_____
_____

17 AGO

"O nome do justo será lembrado." Provérbios, 10:7

DEIXE UM LEGADO DE AMOR

Ser lembrada é deixar um rastro de amor e justiça nas vidas com as quais você cruza. Esse legado é construído a cada gesto de bondade, palavra de encorajamento e atitude de serviço. Não se preocupe apenas em ser notada, mas em ser alguém que transforma. Deus reconhece e valoriza cada ação, e Ele promete que o nome dos justos será lembrado. Que sua vida seja um reflexo do amor de Deus, deixando um impacto positivo em todos ao seu redor.

DIÁRIO DE GRATIDÃO:

_____
_____
_____
_____
_____
_____
_____

18 AGO

"Direi que o Senhor é o meu refúgio, minha fortaleza, o meu Deus, em que confio." Salmos, 91:2

REAJA COM FÉ E DETERMINAÇÃO

A vida traz desafios que exigem luta e firmeza. Deus nos chama a nos preparar para cada batalha, revestindo-nos de fé e perseverança. Separar-se de tudo que enfraquece sua fé e reagir com determinação é a forma de avançar. Em oração e confiança, você encontrará forças para seguir, mesmo nas lutas mais intensas. Vista-se da armadura que o Senhor lhe oferece, sabendo que Ele luta ao seu lado e que você não está sozinha nessa caminhada.

DIÁRIO DE GRATIDÃO:

---

19 AGO

"Em paz me deito e logo adormeço, pois só tu, Senhor, me fazes viver em segurança." Salmos, 4:8

DURMA EM PAZ

O sono é um momento de descanso que Deus nos deu, um presente para renovar nossas forças e nossa alma. Quando as preocupações parecem impedir que você durma, lembre-se de que o Senhor está contigo. Ele conhece cada detalhe do seu coração e entende as angústias que te tiram o sono. No silêncio da noite, entregue a Ele os seus medos e permita que Sua paz invada o seu ser. Confie no cuidado de Deus, deixando que Ele seja o guardião do seu descanso. Assim, a paz que vem d'Ele poderá embalar seu sono, levando embora o que te inquieta.

MOTIVOS PARA ORAR:

20 AGO

"O Senhor é a minha rocha, a minha fortaleza e o meu libertador; o meu Deus é a minha rocha, em quem encontro proteção. Ele é o meu escudo e a força que me salva, a minha torre alta."
Salmos, 18:2

TENHA VALOR DE VIRTUDE

Ser uma mulher virtuosa é compreender seu valor e praticar a bondade e a sabedoria. É lembrar que virtude não significa perfeição, mas uma vida intencional em que se cultiva o que é bom, verdadeiro e justo. Quando você age com integridade e dedica suas ações ao bem, você impacta a todos ao seu redor, criando uma marca que permanece.

REFLEXÕES:

_____
_____
_____
_____
_____

"Portanto, também nós, visto que temos a rodear-nos tão grande nuvem de testemunhas, desembaraçando-nos de todo peso e do pecado que tenazmente nos assedia, corramos com perseverança a carreira que nos está proposta." Hebreus, 12:1

21 AGO

MULHER, ENCARE OS DESAFIOS DE FRENTE!

Cada desafio é uma oportunidade para ir além, para se superar. Quando você se coloca à prova e conta com a força que vem de Deus, aprende que é capaz de mais do que imagina. Permita-se sair da zona de conforto, pois é nesse terreno que grandes transformações acontecem. Confie que Ele lhe dará forças para vencer cada desafio que encontrar.

DIÁRIO DE GRATIDÃO:

_____
_____
_____
_____
_____
_____
_____

22 AGO

"Ora, o Deus de esperança vos ench[a] todo o gozo e paz no vosso crer, pa[ra] que abundeis na esperança pelo po[der] do Espírito Santo." Romanos, 15:13

CARREIRA COM PROPÓSITO

Em cada trabalho que realiza, há a chance de servir a Deus, mesmo nas tarefas mais simples. Sua carreira pode ser mais do que um caminho de sucesso pessoal; ela pode ser um chamado. Ao desenvolver suas habilidades, lembre-se de que seu empenho reflete sua fé. Trabalhar com propósito e dedicação gera frutos duradouros que vão além de qualquer promoção.

DIÁRIO DE GRATIDÃO:

_____
_____
_____
_____
_____
_____

"A língua tem poder sobre a vida e sobre a morte; os que gostam de usá-la comerão do seu fruto." Provérbios, 18:21

23 AGO

ENFRENTE A CALÚNIA COM RESILIÊNCIA

A calúnia é dolorosa e pode abalar sua paz. Mas, em vez de revidar, escolha responder com bondade e serenidade. A sua força está na capacidade de se manter fiel aos seus princípios, mesmo quando incompreendida. A verdade sempre prevalece, e o que Deus pensa a seu respeito é o que realmente importa. Deixe que Ele seja sua justiça e seu refúgio.

MOTIVOS PARA ORAR:

_____
_____
_____
_____
_____
_____

24 AGO

"Todas as coisas me são lícitas, mas nem todas convêm; todas as coisas me são lícitas, mas eu não me deixarei dominar por nenhuma delas." 1 Coríntios, 6:12

CUIDADO COM AS REDES SOCIAIS

O uso das redes sociais é uma parte comum da vida moderna, mas cuidado para que isso não se torne um vício. Busque equilíbrio, lembrando-se de que o tempo que você gasta online também poderia ser usado para momentos de descanso e conexão espiritual. Use as redes de forma saudável, sem se perder nelas, e priorize o que realmente nutre sua alma.

REFLEXÕES:

_____
_____
_____
_____
_____
_____
_____

"Orem continuamente." 1 Tessalonicenses, 5:17

ENCONTRO DIVINO

Reservar um tempo para conversar com Deus é uma das maiores bênçãos que você pode cultivar. Nesse encontro, Ele revela verdades, conforta e orienta. Mesmo que o dia seja corrido, busque esses momentos de oração. É ali que as respostas para os desafios, ansiedades e sonhos se tornam mais claras, e você se sente renovada na presença de Deus.

25 AGO

DIÁRIO DE GRATIDÃO:

_____
_____
_____
_____
_____
_____
_____

26 AGO

"Assim Deus criou o ser humano à sua imagem, à imagem de Deus o criou; homem e mulher os criou." Gênesis, 1:27

DIA INTERNACIONAL DA IGUALDADE FEMININA

A igualdade feminina está fundamentada na criação divina. Homem e mulher foram criados à imagem de Deus, com igual dignidade e valor. Quando lutamos pela igualdade, lembramos que ela é um direito que Deus estabeleceu desde o princípio. Valorize quem você é e a posição que ocupa, sabendo que seu valor é inquestionável. Permita que esse entendimento inspire outros ao seu redor a respeitar e honrar o propósito que Deus tem para cada mulher.

DIÁRIO DE GRATIDÃO:

27 AGO

"Tudo o que o homem semear, isso também ceifará." Gálatas, 6:7

O PODER DE ATRAIR O BEM

A lei da atração envolve aquilo que você semeia na vida, e Deus nos ensina sobre plantar boas sementes. Quando você cultiva gratidão, bondade e fé, colhe os frutos dessas atitudes. Essa é a verdadeira essência da atração: viver conforme os valores que refletem sua fé e seu desejo por coisas boas. Confie que, com ações positivas, você atrairá bênçãos para sua vida.

MOTIVOS PARA ORAR:

28 AGO

> *"Onde não há conselho, o povo cai; mas na multidão de conselheiros há segurança."* Provérbios, 11:14

SEJA UMA BOA LÍDER

Liderar é mais do que apenas comandar; é servir com humildade e sabedoria. Busque orientação em Deus para ser uma boa líder, ouvindo aqueles ao seu redor e tomando decisões justas e equilibradas. Quando guiada por valores fortes e pelo amor ao próximo, você inspira aqueles que lidera a crescer e a caminhar na direção do bem.

REFLEXÕES:

> *"E ele morreu por todos, para que os que vivem não vivam mais para si mesmos, mas para aquele que por eles morreu e ressuscitou."* 2 Coríntios, 5:15

DIA NACIONAL DO COMBATE AO FUMO

O corpo que você possui é um templo sagrado, projetado por Deus para ser cuidado e valorizado. Ao combater hábitos prejudiciais, como o fumo, você honra esse templo e a presença de Deus em você. Lembre-se de que cada escolha reflete o valor que dá a si mesma e ao propósito divino para sua vida. Cuide-se, com o carinho e respeito que Deus espera, e encontre em Seu amor a força para transformar qualquer hábito que precise ser deixado para trás.

29 AGO

DIÁRIO DE GRATIDÃO:

30 AGO

"Não andem ansiosos por coisa alguma, mas em tudo, pela oração e súplicas, e com ação de graças, apresentem seus pedidos a Deus." Filipenses, 4:6

MATERNIDADE COM SABEDORIA

DIÁRIO DE GRATIDÃO:

Ser mãe é uma jornada de cuidado e amor, e também de ensinamentos que durarão uma vida. Como mãe, você não precisa ser perfeita, mas pode ser sábia ao ensinar seus filhos no caminho de Deus. Lembre-se de que seu exemplo de fé, amor e resiliência é uma herança que eles carregarão. Confie em Deus para guiá-la, mesmo nos dias mais desafiadores.

"O amor é paciente, o amor é bondoso. Não inveja, não se vangloria, não se orgulha. Não maltrata, não procura seus interesses, não se ira facilmente, não guarda rancor." 1 Coríntios, 13:4-5

31 AGO

EQUILÍBRIO DE PAPÉIS

MOTIVOS PARA ORAR:

Ser filha, mãe e esposa é um equilíbrio delicado. Cada papel requer amor e atenção, mas não tente ser tudo para todos ao mesmo tempo. Aceite o momento de cada papel, sem pressa e sem cobrança. Deus lhe deu um propósito único em cada um desses papéis, e Ele sabe exatamente como guiá-la para cumprir cada um com amor e plenitude.

Setembro

1º SET

QUANDO UMA PORTA SE FECHA, APRENDA...

> *"Eis que pus diante de ti uma porta aberta, e ninguém a pode fechar; porque tens pouca força, guardaste a minha palavra e não negaste o meu nome."*
>
> Apocalipse, 3:8

Há momentos na vida em que as portas se fecham sem qualquer explicação, e isso pode trazer frustração e até mesmo dúvida. No entanto, precisamos entender que Deus age com um propósito claro em cada porta que Ele fecha. Quando Ele fecha uma porta, é porque o que está além dela não é o que Ele deseja para nós — seja por proteção, por crescimento ou porque há algo muito maior nos esperando. O fechamento não é um fim, mas uma preparação. Por outro lado, quando Ele abre uma porta, ninguém pode fechá-la. Essa porta é uma oportunidade única, um chamado para avançar com fé, mesmo que as circunstâncias pareçam desfavoráveis. Deus conhece o seu coração, seus esforços e o que você tem suportado em silêncio. Se há uma porta que se abre para você, entre sem medo, confiante de que Ele estará ao seu lado. É Deus quem conduz seus passos, que fecha o que precisa ser fechado e abre o que te levará para mais perto do propósito d'Ele em sua vida.

MOTIVOS PARA ORAR:

_____

_____

_____

Aponte a câmera do seu celular para este QR Code e faça atividades complementares para aplicar esta reflexão de forma prática em seu dia a dia!

2 SET

"Buscai ao Senhor enquanto se pode achar, invocai-o enquanto está perto." Isaías, 55:6

ENCONTRE A SUA ESSÊNCIA

Buscar a presença de Deus é mais do que um ato espiritual, é um reencontro com a sua essência. Às vezes, o ruído do mundo nos afasta do que realmente importa. Parar, refletir e buscar a proximidade com o Criador é relembrar quem você é e onde encontra paz. Deus é seu refúgio; buscar essa proximidade é como encontrar uma bússola em meio a uma tempestade. Recarregue sua alma na fonte de tudo o que é puro e verdadeiro.

REFLEXÕES:

_____
_____
_____
_____
_____
_____
_____

"Pois o Senhor é justo e ama a justiça; os retos verão a sua face." Salmos, 11:7

3 SET

VOCÊ PRATICA A EQUIDADE?

A equidade é parte do caráter de Deus. Ela nos convida a tratar todos com justiça, reconhecendo a dignidade de cada pessoa, sem distinções. Como mulheres, podemos espelhar essa justiça, promovendo igualdade e respeito onde estivermos. Que seu coração busque sempre o que é justo, inspirando aqueles ao redor. Cada ato seu tem o poder de lembrar o mundo do que significa equidade verdadeira, vinda do próprio coração divino.

DIÁRIO DE GRATIDÃO:

_____
_____
_____
_____
_____
_____
_____

4 SET

> "Confie no Senhor de todo o seu coração e não se apoie em seu próprio entendimento; reconheça o Senhor em todos os seus caminhos, e ele endireitará as suas veredas."
> Provérbios, 3:5-6

CONHEÇA AS SUAS VONTADES

Muitas vezes, carregamos vontades inconscientes que nem sabemos de onde vêm. Que tal pedir a Deus para sondar o seu coração e revelar o que realmente deseja? Aquilo que guardamos lá no fundo pode impactar nossas ações e decisões. Permita que Ele te ajude a identificar o que é verdadeiro e o que precisa ser renovado. Em autoconhecimento, você se alinha ao propósito maior e vive com mais leveza.

DIÁRIO DE GRATIDÃO:

_____
_____
_____
_____
_____
_____

5 SET

> "Não desprezes o dom que há em ti." 1 Timóteo, 4:14

FORTALEÇA-SE COM SEUS DONS

Ser mulher em um mundo ainda desigual é um desafio. Mas Deus te capacitou com dons únicos. Não permita que ninguém subestime o que você pode realizar, tampouco subestime a si mesma. Em vez de deixar que limitações externas te definam, deixe que o dom dentro de você seja sua força e voz. Seja inspirada a buscar sempre seu potencial máximo, pois Deus te dotou de habilidades que só você pode trazer ao mundo.

MOTIVOS PARA ORAR:

_____
_____
_____
_____
_____
_____

6 SET

> *"O próprio Senhor irá à sua frente e estará com você; ele nunca o deixará, nunca o abandonará. Não tenha medo! Não se desanime!"*
> Deuteronômio, 31:8

NÃO TEMAS AS MUDANÇAS

Mudanças são inevitáveis, e o tempo para cada coisa é um mistério que só Deus compreende plenamente. Adaptar-se é uma forma de aceitar a jornada que Ele planejou para você. Ao se abrir para novas fases, novas lições e novos caminhos, você demonstra fé e maturidade. Que cada adaptação seja uma oportunidade de crescer e confiar mais, sabendo que em todas as estações, Deus está ao seu lado.

REFLEXÕES:

_____
_____
_____
_____
_____
_____
_____

> *"Fortalece o cansado e dá grande vigor ao que está sem forças."*
> Isaías, 40:29

7 SET

CULTIVE O DOMÍNIO PRÓPRIO

A autodisciplina é essencial para alcançar os propósitos de Deus em sua vida. Ela é fruto do Espírito e traz equilíbrio, ajudando a manter o foco no que realmente importa. Praticar o domínio próprio é um exercício diário de força e determinação. Permita que o Espírito Santo te guie, fortalecendo seu autocontrole e moldando sua jornada com propósito e integridade.

DIÁRIO DE GRATIDÃO:

_____
_____
_____
_____
_____
_____
_____

8 SET

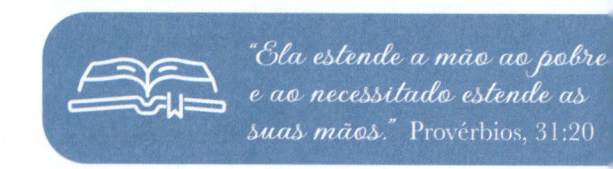

"Ela estende a mão ao pobre e ao necessitado estende as suas mãos." Provérbios, 31:20

IMPACTE COM COMPAIXÃO E FORÇA

O impacto de uma mulher é sentido em sua compaixão e força. Ao estender a mão aos que necessitam, você se torna uma agente de mudança, inspirando e transformando vidas. Que seu coração esteja sempre aberto a enxergar além de si mesma, sendo uma presença que edifica e cuida. Seu papel na sociedade é de extrema importância; cada ato de amor e bondade gera frutos duradouros.

DIÁRIO DE GRATIDÃO:

_____
_____
_____
_____
_____
_____

9 SET

"Por isso estamos sempre de bom ânimo [...], porque andamos por fé, e não por vista." 2 Coríntios, 5:6-7

EXPERIMENTE O EXTRAORDINÁRIO

A fé nos desafia a ir além do óbvio, a ver o invisível e acreditar no impossível. Que seu caminho seja guiado por uma fé que se arrisca, que não se contenta com o comum, mas que busca o extraordinário em cada detalhe. Deus te convida a sair do óbvio e confiar n'Ele em novas possibilidades. Permita-se sonhar grande e viver com ousadia.

MOTIVOS PARA ORAR:

_____
_____
_____
_____
_____
_____

10 SET

"Não sabeis vós que sois o templo de Deus e que o Espírito de Deus habita em vós?" 1 Coríntios, 3:16

A FORÇA DE SER MULHER

A verdadeira força feminina é construída a cada experiência e superação. Quando reconhece o valor da coragem e da resiliência em sua vida, tomando como base os princípios divinos, você se veste de força e dignidade. São esses valores que transformam desafios em aprendizados e a preparam para o futuro, pois quem sabe seu próprio valor, anda em segurança.

"Aquele que habita no esconderijo do Altíssimo à sombra do Onipotente descansará." Salmos, 91:1

LIMPE SUA CASA DAS MÁS ENERGIAS

Limpar o lar de más energias começa com uma intenção poderosa: convidar a presença de Deus para cada canto da sua casa. Assim como uma limpeza física remove a poeira e organiza o espaço, a espiritual remove energias pesadas e abre caminho para a paz e o amor. Que seu lar seja um refúgio, onde o coração encontre repouso e você sinta a presença divina em cada detalhe. Peça a Deus que abençoe seu espaço, protegendo-o e trazendo luz. Deixe a paz do Altíssimo habitar e fazer morada em sua vida e em seu lar.

REFLEXÕES:
_____
_____
_____
_____
_____
_____
_____

11 SET

DIÁRIO DE GRATIDÃO:
_____
_____
_____
_____
_____
_____
_____

12 SET

"Portanto, não se preocupem com o amanhã, pois o amanhã trará as suas próprias preocupações. Basta a cada dia o seu próprio mal" Mateus, 6:34

TRANSFORME-SE PELA RENOVAÇÃO DA MENTE

Transformação começa de dentro para fora, com a renovação dos pensamentos. Quando você se permite pensar de maneira positiva e alinhada com os valores de Deus, sua vida se transforma. Não se conforme com padrões que não representam sua verdade; permita-se crescer, evoluir e florescer segundo os princípios divinos.

DIÁRIO DE GRATIDÃO:

_____
_____
_____
_____
_____
_____

"Eu disse estas coisas para que em mim vocês tenham paz. Neste mundo vocês terão aflições; contudo, tenham ânimo! Eu venci o mundo." Filipenses, 4:8

13 SET

TENHA SEMPRE PENSAMENTOS ELEVADOS

O que ocupa sua mente tem o poder de moldar sua vida. Escolha pensamentos que tragam paz, esperança e bondade. Pensar nas coisas boas da vida não é ignorar os desafios, mas aprender a enxergar o lado belo em cada situação. Cultive pensamentos que alimentem sua alma e elevem seu espírito, pois eles te aproximam da paz que vem de Deus.

MOTIVOS PARA ORAR:

_____
_____
_____
_____
_____
_____

14 SET

> *"Nem altura nem profundidade, nem coisa alguma em toda a criação, será capaz de nos separar do amor de Deus que está em Cristo Jesus, nosso Senhor."* Romanos, 8:38-39

VOCÊ NÃO ESTÁ SOZINHA! CONFIE EM DEUS

REFLEXÕES:

Em meio às adversidades, Deus está com você, segurando sua mão e fortalecendo seu coração. Não permita que o medo tome conta; confie na promessa de que Ele é o seu apoio em todos os momentos. Quando a insegurança surgir, lembre-se de que você não está sozinha. Sua força vem da presença constante d'Ele em sua vida.

> *"Aquele que habita no esconderijo do Altíssimo, à sombra do Onipotente descansará."* Salmo, 91:1

15 SET

TENHA SEMPRE A PROTEÇÃO DIVINA

DIÁRIO DE GRATIDÃO:

O Salmo 91 é uma poderosa promessa de proteção divina para você e sua família. Quando você escolhe habitar no esconderijo do Altíssimo, está se colocando sob o cuidado e a segurança de Deus. Ele se torna o seu refúgio, protegendo-a de perigos visíveis e invisíveis. Sua presença é como uma sombra que cobre e acalma, mesmo nos momentos de maior adversidade. Confie que, ao se abrigar n'Ele, Ele guiará e protegerá cada passo seu e dos seus entes queridos. Sua paz e segurança estão garantidas sob o cuidado do Senhor.

16 SET

"Senhor meu Deus, em ti confio salva-me de todos os que me perseguem e livra-me." Salmos, 7:

PROTEGIDA DOS POSSÍVEIS INIMIGOS

Acredite, Deus é nosso protetor contra aqueles que nos perseguem e contra a inveja. Em um mundo onde a negatividade e a inveja podem nos afetar, este versículo nos lembra que Deus é justo e nos guarda. Confie n'Ele e entregue qualquer preocupação ou sentimento de inveja à Sua justiça. Ele cuidará para que nada nem ninguém atrapalhe seu caminho. Fortaleça sua fé, sabendo que a proteção de Deus é o escudo que impede a negatividade de influenciar sua vida.

DIÁRIO DE GRATIDÃO:

_____
_____
_____
_____
_____

17 SET

"Busquei o Senhor, e ele me respondeu; livrou-me de todos os meus temores." Salmos, 34:4

TENHA CAMINHOS ABERTOS

Deus ouve nossas orações e abre caminhos onde parece não haver saída. Em momentos de bloqueio ou dificuldade, clame ao Senhor, sabendo que Ele é quem remove obstáculos e ilumina seu caminho. Ao confiar n'Ele, você encontrará a direção que precisa, pois Ele sempre ouve e responde. Esse salmo é um convite a ter fé em Sua provisão e a caminhar com confiança, sabendo que Deus está trabalhando para abrir portas e trazer oportunidades para sua vida.

MOTIVOS PARA ORAR:

_____
_____
_____
_____
_____
_____

18 SET

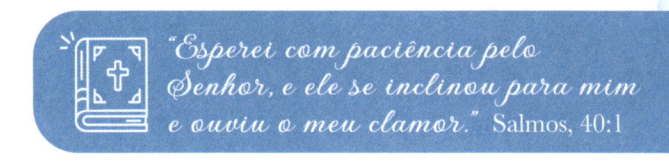

"Esperei com paciência pelo Senhor, e ele se inclinou para mim e ouviu o meu clamor." Salmos, 40:1

SEJA SEMPRE GRATA

Ao louvar e agradecer a Deus, você reconhece Sua presença constante em sua vida, mesmo durante os períodos de espera. Essa atitude de gratidão permite que você experimente a paz, e cada momento de louvor abre espaço para que Deus atue. Em vez de focar no que falta, agradeça pelo que já possui. Esse salmo é um lembrete de que Deus está ao seu lado, ouvindo seu clamor e agindo no tempo certo, trazendo a resposta perfeita.

REFLEXÕES:

_____
_____
_____
_____
_____
_____
_____

"Mas ele me disse: 'Minha graça é suficiente para você, pois o meu poder é aperfeiçoado na fraqueza'. Portanto, eu me gloriarei ainda mais alegremente em minhas fraquezas, para que o poder de Cristo repouse em mim."
2 Coríntios, 12:9

19 SET

TENHA AJUDA URGENTE DO ALTO

Nos momentos de necessidade urgente, nosso socorro vem do Senhor, Criador do céu e da terra. Ao elevar os olhos a Ele, você encontra força e resposta para cada situação. Nenhuma emergência é grande demais para Deus, e Ele jamais deixará de atender ao seu chamado. Esse versículo é um convite a confiar que Deus, com todo o Seu poder e amor, responderá no momento certo, trazendo paz ao seu coração e direcionando seus passos.

DIÁRIO DE GRATIDÃO:

_____
_____
_____
_____
_____
_____
_____

20 SET

"Vinde e vede as obras de Deus; é tremendo nos seus feitos para c os filhos dos homens." Salmos, 66:

LIMPE SUA ALMA

O Salmo 66 é um convite para que você testemunhe a capacidade de Deus em transformar e purificar. Em tempos de energia negativa, clame a Ele, pedindo que purifique sua vida e seu espírito. Como uma luz que dissipa a escuridão, Deus remove tudo o que impede seu crescimento e paz. Ao limpar sua alma, você permite que Ele preencha seu coração com serenidade e alegria. Sinta-se renovada ao deixar que Deus remova toda negatividade, permitindo que Seu amor e paz prevaleçam.

DIÁRIO DE GRATIDÃO:

21 SET

"Bem-aventurado aquele que atende ao pobre; o Senhor o livrará no dia do mal." Salmos, 41:1

TENHA A SUA SAÚDE RESTAURADA. FAÇA O BEM!

A bondade e o cuidado com o próximo atraem a proteção e a cura de Deus. Ao ser generosa e compassiva, você abre espaço para que Ele atue em sua vida, especialmente nos momentos de fragilidade. Este versículo lembra que Deus recompensa aqueles que agem com bondade, trazendo saúde e restaurando o que está quebrado. Confie que Ele é o médico da alma e do corpo, cuidando de você com amor e misericórdia.

MOTIVOS PARA ORAR:

22 SET

"O Reino de Deus está dentro de vós." Lucas, 17:21

VOCÊ TEM UM PARAÍSO INTERIOR?

A busca pelo paraíso muitas vezes nos leva a procurar em lugares, pessoas ou momentos. No entanto, Jesus nos ensina que o verdadeiro paraíso está dentro de nós, na conexão com nossa essência e com Deus. Quando cultivamos paz, amor e bondade no coração, esse paraíso se reflete em nossa vida e no mundo ao redor. O convite é encontrar, diariamente, esse refúgio no silêncio da oração, na gratidão e na presença divina. Assim, o paraíso se torna uma realidade, preenchendo sua vida com o que é puro e verdadeiro.

REFLEXÕES:

_____
_____
_____
_____
_____
_____
_____

"A mulher bondosa conquista o respeito, mas os homens cruéis só conquistam riquezas." Provérbios, 11:16

23 SET

PRIORIZE SEMPRE O RESPEITO

A verdadeira riqueza de uma mulher é o respeito que ela cultiva ao seu redor. O respeito e a bondade são valores duradouros que não podem ser comprados. Ao agir com graça e respeito, você constrói uma base sólida em seus relacionamentos, baseada na confiança e na dignidade. Que suas ações e palavras sejam guiadas por essa força interior, sabendo que o respeito é uma riqueza que impacta não só a sua vida, mas a de todos ao seu redor.

DIÁRIO DE GRATIDÃO:

_____
_____
_____
_____
_____
_____
_____

24 SET

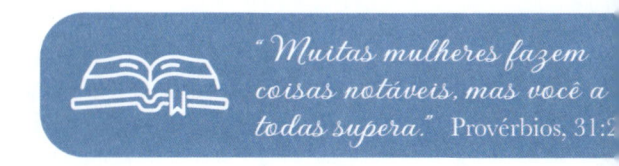

"Muitas mulheres fazem coisas notáveis, mas você a todas supera." Provérbios, 31:2

SEJA EXEMPLO DE VIRTUDE

Deus vê suas qualidades e valoriza seu esforço e dedicação. Seja uma inspiração para outras mulheres, usando suas forças para iluminar e encorajar quem está ao seu redor. Ao ser uma referência, você reflete a bondade e a sabedoria de Deus. Permita que suas atitudes sejam um testemunho de amor e compaixão, e que sua vida inspire outras a buscarem a mesma excelência no que fazem.

DIÁRIO DE GRATIDÃO:

25 SET

"Assim, aproximemo-nos do trono da graça com toda a confiança." Hebreus, 4:16

VOCÊ É MAIS QUE VENCEDORA!

Com o amor de Deus, somos mais que vencedoras. Os desafios da vida podem ser difíceis, mas você carrega em si a força para superá-los. Esse versículo é um chamado à coragem e à perseverança, pois em Cristo, a vitória já está garantida. Acredite que, em meio às batalhas, Deus está ao seu lado, fortalecendo e guiando cada passo. Sua vitória não é apenas pessoal; é uma prova do amor e do poder de Deus em sua vida.

MOTIVOS PARA ORAR:

26 SET

"Mas o fruto do Espírito é amor, alegria, paz, paciência, amabilidade, bondade, fidelidade, mansidão e domínio próprio." Gálatas, 5:22

SONHOS ALINHADOS COM DEUS

Ao encontrar prazer no Senhor, Ele realiza os desejos do nosso coração. Quando você entrega seus sonhos a Deus, Ele trabalha para concretizá-los da melhor maneira. Este versículo nos convida a confiar que Deus conhece cada desejo profundo e sabe o tempo certo para que se cumpram. Deleitar-se n'Ele significa alinhar-se ao Seu propósito, sabendo que o que Ele reserva é sempre o melhor. Confie e espere com paciência, pois Ele já está agindo.

REFLEXÕES:

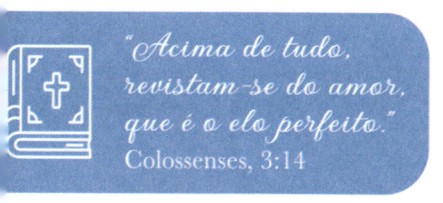

"Acima de tudo, revistam-se do amor, que é o elo perfeito." Colossenses, 3:14

27 SET

O PODER DO AMOR

O amor é o elo que une e harmoniza tudo. Este amor vai além de sentimentos; é uma escolha diária de perdoar, acolher e cuidar. Quando o amor é a base de suas ações, ele traz paz, união e alegria para sua vida e para aqueles ao seu redor. Esse amor reflete o coração de Deus, e ao colocá-lo acima de tudo, você transforma suas relações e sua maneira de viver. Permita que o amor seja seu guia, tornando cada dia mais pleno e significativo.

DIÁRIO DE GRATIDÃO:

28 SET

"Cessaram os guerreiros em Israel, até que eu, Débora, me levantei; levantei-me como mãe em Israel." Juízes, 5:7

ABRAÇANDO SUA FORÇA

Celebra a coragem de Débora, que se levantou como líder em um momento de necessidade. Esse versículo é um chamado para que cada mulher abrace sua força e propósito. Assim como Débora, você tem o poder de transformar e inspirar. Seja uma fonte de força e orientação para quem está ao seu redor, usando seus dons e virtudes para fazer a diferença. Lembre-se de que Deus te capacitou para ser uma mulher de impacto, capaz de liderar com amor e determinação.

DIÁRIO DE GRATIDÃO:

_____
_____
_____
_____
_____
_____

"Não insistas para que te deixe, nem me obrigues a não seguir-te; porque aonde quer que fores, irei eu, e onde quer que pousares à noite, ali pousarei." Rute, 1:16

29 SET

LEALDADE INABALÁVEL

Quando Rute escolhe seguir Noemi, ela demonstra a importância da fidelidade nas relações. Esse tipo de lealdade é um reflexo do amor de Deus, que permanece conosco em todos os momentos. Seja leal aos que ama e àqueles que confiam em você, sendo uma presença constante e fiel. Essa lealdade constrói laços profundos, inspirando confiança e segurança. Que sua fidelidade seja uma expressão viva do amor que Deus te ensinou.

MOTIVOS PARA ORAR:

_____
_____
_____
_____
_____
_____

30 SET

CRESCENDO JUNTAS:
TENHA RELAÇÕES SINCERAS

"O meu mandamento é este: Que vos ameis uns aos outros, assim como eu vos amei." João, 15:12

Assim como o ferro afia o ferro, as amizades verdadeiras nos moldam e fortalecem. Estar ao lado de quem te incentiva a crescer, te desafia e te apoia é uma bênção. Essas conexões trazem aprendizado, crescimento e renovação. Seja uma amiga que encoraja, que inspira e que ajuda os outros a se tornarem melhores. Permita-se também ser lapidada por essas relações, sabendo que elas te tornam mais forte e preparada para a vida. Que cada amizade seja uma troca enriquecedora, guiada pelo amor e pelo respeito.

Além disso, lembre-se de que as amizades verdadeiras são aquelas que permanecem ao longo do tempo, mesmo diante de desafios e diferenças. Esses vínculos são preciosos e merecem cuidado e atenção. Valorize as pessoas que estão ao seu lado nos momentos bons e nos difíceis, pois elas refletem o amor de Deus em sua vida. Permita-se ser um canal de apoio e incentivo, e acolha com gratidão as amizades que fazem você evoluir. Que suas amizades sejam sempre regadas com confiança, lealdade e empatia, formando uma rede de fortalecimento mútuo.

MOTIVOS PARA ORAR:

DIÁRIO DE GRATIDÃO:

Outubro

1º OUT

ENCONTRE ACALENTO NAS LÁGRIMAS

"O choro pode durar uma noite, mas a alegria vem pela manhã."
Salmos, 30:5

Às vezes, a dor parece infinita, e as lágrimas se tornam nossa companhia mais constante. Mas Deus promete que a noite tem fim e a manhã sempre chega com a esperança de novos começos. Cada lágrima que você derrama não é desperdiçada; Ele a vê e oferece um acalento. O amanhecer traz uma renovação que acalma o coração e aquece a alma. Permita-se sentir o que for preciso, sabendo que a alegria é uma promessa divina e estará te esperando quando o sol despontar.

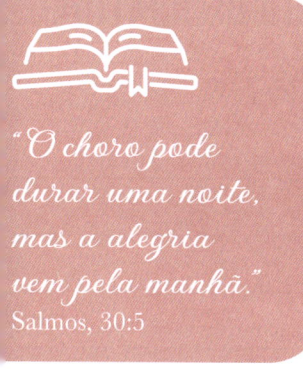

MOTIVOS PARA ORAR:

DIÁRIO DE GRATIDÃO:

Aponte a câmera do seu celular para este QR Code e faça atividades complementares para aplicar esta reflexão de forma prática em seu dia a dia!

2 OUT

"O que é nascido de Deus vence o mundo; e esta é a vitória que vence o mundo: a nossa fé." 1 João, 5:4

VITÓRIA PELA FÉ

A vitória não é ausência de batalhas, mas a certeza de que, em meio a elas, nossa fé nos sustenta. Ser nascida de Deus é ter a coragem de enfrentar os desafios com um coração confiante. A fé é nossa arma silenciosa, que fortalece nossos passos e nos torna capazes de vencer o que parece impossível. Quando tudo ao redor tenta te derrubar, lembre-se: a vitória já foi prometida, e ela se constrói na medida em que você continua acreditando.

DIÁRIO DE GRATIDÃO:

"Quem é correto nunca fracassará e será lembrado para sempre." Salmos, 112:6

3 OUT

MEMÓRIA DE CORAGEM

Fracassos são capítulos da nossa jornada, mas não definem quem somos. Aqueles que caminham na retidão, com o coração alinhado a Deus, possuem uma força que transcende os tropeços do caminho. O verdadeiro sucesso não é a ausência de quedas, mas a integridade mantida em cada passo. Sua história será lembrada não pelos erros cometidos, mas pela coragem de se levantar e perseverar. Na justiça de Deus, sua vitória já está garantida, e o seu legado será eterno.

MOTIVOS PARA ORAR:

4 OUT

"Ele fortalece o cansado e multiplica as forças ao que não tem nenhum vigor." Isaías, 40:29

NOVA FORÇA AO CORAÇÃO

Cansaço faz parte da jornada, e em alguns dias parece que o peso é demais. Mas Deus é a fonte inesgotável de força e renovo. Ele conhece os limites do seu coração e multiplica sua energia quando o desgaste parece insuportável. É nas mãos d'Ele que encontramos o refúgio para nossas fraquezas e a coragem para continuar. Confie, pois em cada suspiro de exaustão, Ele infunde um novo fôlego de vida.

REFLEXÕES:

_____
_____
_____
_____
_____
_____

"Corrija um sábio e o fará mais sábio. Corrija um tolo e o fará teu inimigo." Provérbios, 9:8

5 OUT

A SABEDORIA DO APRENDIZADO

Aceitar correção é uma demonstração de humildade e desejo de crescimento. A sabedoria está em reconhecer as próprias limitações e buscar sempre aprender. Uma pessoa sábia vê na correção uma oportunidade de se aprimorar, enquanto o tolo a rejeita, encolhendo-se em seu orgulho. Aproxime-se da verdade com um coração aberto, e cada conselho ou crítica será um degrau em sua jornada de evolução.

DIÁRIO DE GRATIDÃO:

_____
_____
_____
_____
_____
_____

6 OUT

"Mais vale o cão vivo do que leão morto." Eclesiastes, 9:4

VALORIZE A VIDA

Viver é ter oportunidade de recomeçar, evoluir e construir um propósito. Mesmo que, às vezes, a jornada seja repleta de desafios, estar viva significa ter esperança e possibilidade. Um coração que pulsa, mesmo em meio a dificuldades, tem o poder de fazer diferença. Não importa a força ou o título que carregamos; o valor está em continuar tentando, em resistir. A verdadeira grandeza é aproveitar o dom da vida, pois enquanto respiramos, ainda há chance de transformar.

DIÁRIO DE GRATIDÃO:

_____
_____
_____
_____
_____
_____
_____
_____

"Aquele, porém, que beber da água que eu lhe der nunca mais terá sede; pelo contrário, a água que eu lhe der será nele uma fonte a jorrar para a vida eterna." João, 4:14

7 OUT

SACIEDADE ETERNA

Em Deus, encontramos uma satisfação que o mundo não é capaz de oferecer. O que Ele nos dá não é temporário nem passageiro; é uma fonte inesgotável de paz, amor e propósito. Ao nos rendermos ao Seu cuidado, não buscamos mais preenchimento em coisas externas, pois Ele nos sacia por dentro. Confie nessa fonte que jorra vida e se renova em cada desafio. Ele te completa de uma forma que nada neste mundo pode substituir.

MOTIVOS PARA ORAR:

_____
_____
_____
_____
_____
_____
_____

8 OUT

> *"Enganoso é o coração, mais do que todas as coisas, e perverso; quem o conhecerá?"* Jeremias, 17:9

CUIDADO COM O CORAÇÃO

Nossos sentimentos podem nos levar a caminhos duvidosos, e por isso é importante ter cautela e sabedoria. O coração, com todas as suas emoções, é capaz de nos confundir e nos afastar do que realmente importa. Deus nos ensina a depender d'Ele e a submeter nossos desejos ao Seu olhar cuidadoso. Quando o coração te enganar, busque direção n'Ele, pois só Ele vê além das emoções e conhece a verdade que deve guiar sua vida.

REFLEXÕES:

9 OUT

> *"E Jesus morreu por todos, para que os que vivem não vivam mais para si, mas para aquele que por eles morreu e ressuscitou."* 2 Coríntios, 5:15

VIVER PARA O PROPÓSITO MAIOR

Jesus nos ensinou que a vida tem um propósito maior que nossos interesses pessoais. Ele se entregou para que nós pudéssemos viver com um sentido maior e um amor transformador. Ao compreender o sacrifício de Cristo, somos chamados a deixar o egoísmo e abraçar uma vida dedicada ao próximo e a Deus. A cada dia, ao viver com essa consciência, encontramos um sentido mais profundo e uma paz que só Ele pode oferecer.

DIÁRIO DE GRATIDÃO:

10 OUT

"Quem mais eu tenho no céu além de ti? E na terra, não há ninguém que eu queira mais do que a ti, ó meu Deus!" Salmos, 73:25

PRIORIDADE DIVINA

Em meio a tantas distrações e a busca por aprovação e segurança, há uma verdade essencial: Deus é tudo o que precisamos. Quando colocamos nossa confiança e desejo n'Ele, todas as outras necessidades perdem o peso. Ele é nossa fonte de amor, paz e alegria. Ao escolher Deus como prioridade, tudo ao nosso redor se alinha de forma plena, pois nada pode preencher o coração como Sua presença constante e segura.

DIÁRIO DE GRATIDÃO:

"Far-me-ás ver a vereda da vida; na tua presença há fartura de alegrias; à tua mão direita há delícias perpetuamente." Salmos, 16:11

11 OUT

ENCONTRE O VERDADEIRO PRAZER

Encontrar alegria em Deus é abrir espaço para que Ele molde nossos desejos e anseios. Quando fazemos d'Ele a fonte de nosso prazer, percebemos que os desejos que surgem em nosso coração são os mesmos que Ele quer realizar. O caminho do verdadeiro contentamento é confiar e esperar no Senhor. Ele conhece cada sonho oculto e entende nossas necessidades mais profundas. Quando o colocamos no centro, a felicidade deixa de ser temporária e se torna uma experiência diária, pois vem diretamente da essência de quem Ele é em nós.

MOTIVOS PARA ORAR:

12 OUT

"Em verdade vos digo que qualquer que não receber o reino de Deus como criança, de maneira nenhuma entrará nele." Marcos, 10:15

DIA DAS CRIANÇAS:
RESGATE SUA CRIANÇA INTERIOR

O Dia das Crianças nos convida a redescobrir a simplicidade, a leveza e a pureza que residem na infância. Deus nos chama a ter um coração como o de uma criança: confiante, livre de julgamentos e cheio de esperança. Resgatar essa inocência nos permite ver a vida com olhos de gratidão e reverência. Em um mundo que nos cobra ser sérias e fortes, há espaço para a espontaneidade, para sorrir mais e para confiar sem reservas. Cultive a alegria genuína, permitindo que sua criança interior floresça novamente.

"Elevo os meus olhos para os montes; de onde virá o meu socorro? O meu socorro vem do Senhor, que fez os céus e a terra." Salmos, 121:1-2

CONFIANÇA INABALÁVEL

Nos momentos de dúvida ou fraqueza, ao olhar para o horizonte buscando auxílio, lembre-se de que seu verdadeiro socorro vem de Deus, o Criador de tudo. Ele é firme e constante, nunca falha em nos sustentar. Levantar os olhos para Ele significa confiar em Sua força, mesmo quando os ventos são contrários. Ele sustenta nossos passos, conduz nossas decisões e traz paz aos nossos medos. Nele, encontramos um refúgio seguro e a certeza de que jamais estamos sozinhas em nossa jornada.

REFLEXÕES:

_____
_____
_____
_____
_____
_____
_____

13 OUT

DIÁRIO DE GRATIDÃO:

_____
_____
_____
_____
_____
_____
_____
_____

14 OUT

"O Senhor te abençoe e te guarde; o Senhor faça resplandecer o seu rosto sobre ti e tenha misericórdia de ti; o Senhor sobre ti levante o seu rosto e te dê a paz." Números, 6:24-26

A BENÇÃO QUE ACALMA

As bênçãos de Deus não são apenas palavras; são promessas que abraçam e acalmam. Ele te guarda em cada detalhe da sua vida, colocando Sua mão protetora sobre você e iluminando o caminho com amor. Quando a paz parece distante, lembre-se: Ele permanece vigilante, sem descanso, olhando por você com misericórdia. Ao aceitar essa bênção, permita que ela se torne o alicerce do seu coração. Deus deseja que você viva em paz e segurança, sentindo-se sempre protegida e querida por Ele.

DIÁRIO DE GRATIDÃO:

_____
_____
_____
_____
_____
_____

"Lâmpada para os meus pés é a tua palavra e luz para o meu caminho." Salmos, 119:105

TENHA ILUMINAÇÃO E DIREÇÃO

A palavra de Deus é como uma luz que dissipa as sombras e clareia cada passo que damos. Quando as dúvidas surgem e o caminho parece incerto, é a Escritura que ilumina nossa direção, trazendo clareza e segurança. Essa luz não revela o caminho todo, mas nos guia passo a passo, oferecendo sabedoria e discernimento para cada escolha. Em meio às incertezas da vida, confie na Palavra que lhe dá estabilidade e entendimento, permitindo que ela seja sua guia em qualquer situação.

15 OUT

MOTIVOS PARA ORAR:

_____
_____
_____
_____
_____
_____

16 OUT

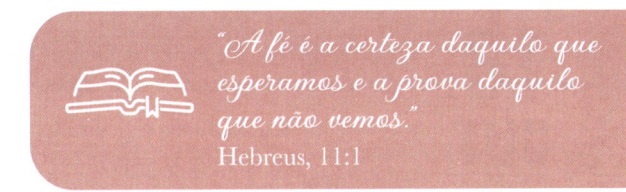

"A fé é a certeza daquilo que esperamos e a prova daquilo que não vemos."
Hebreus, 11:1

CORAGEM PARA OS DESAFIOS DA VIDA

Enfrentar as dificuldades exige mais do que coragem, exige fé. Este versículo lembra que, em todos os lugares e momentos, a presença de Deus é um suporte constante. Ser forte e corajosa é uma decisão diária, um ato de confiança em algo maior que nós. Nos momentos em que tudo parece incerto, mantenha-se firme, porque Ele prometeu estar ao seu lado. A força que precisamos está sempre disponível, e com Ele, a coragem é renovada.

REFLEXÕES:

_____
_____
_____
_____
_____
_____

"Quão bom e quão suave é que os irmãos vivam em união." Salmos, 133:1

O VALOR DA UNIDADE

Viver em união é um presente que traz paz e alegria ao coração. Em tempos de divisões e individualismo, este versículo nos convida a buscar harmonia e reconciliação. Na convivência com família, amigos e colegas, a união é uma escolha que exige empatia e respeito. Cultivar boas relações constrói uma base de apoio mútua e fortalece o amor fraterno. Que sua vida inspire essa suavidade que vem do amor e da paz vivida em união.

17 OUT

DIÁRIO DE GRATIDÃO:

_____
_____
_____
_____
_____
_____
_____

18 OUT

"Não tenhas inveja do homem violento, nem escolhas nenhum dos seus caminhos." Provérbios, 3:31

AFASTANDO-SE DOS MAUS CAMINHOS

A violência e a inveja são armadilhas que envenenam o espírito. Este versículo nos chama a atenção para o perigo de admirar atitudes que vão contra os valores da paz e da bondade. No mundo de hoje, muitas vezes nos deparamos com exemplos de sucesso agressivos e egoístas. Mas a verdadeira força vem do amor e da integridade. Escolher os caminhos de Deus é optar pela luz, afastando-se daquilo que nos corrompe. Que suas escolhas sejam sempre pautadas pelo bem.

DIÁRIO DE GRATIDÃO:

_____
_____
_____
_____
_____
_____
_____

"O homem bom cuida bem de si mesmo, mas o cruel prejudica o seu corpo." Provérbios, 11:17

19 OUT

CUIDAR DE SI É UM ATO DE AMOR

O cuidado consigo mesma é uma forma de honrar a vida que Deus lhe deu. Alimentar-se bem, descansar e respeitar os próprios limites são formas de reconhecer o valor que você tem. Este versículo nos lembra que o autoabandono é uma forma de crueldade, enquanto cuidar do próprio corpo e da mente é um ato de gratidão a Deus. Trate-se com o mesmo amor e bondade que deseja compartilhar com os outros. Afinal, o cuidado começa de dentro para fora.

MOTIVOS PARA ORAR:

_____
_____
_____
_____
_____
_____
_____

20 OUT

"O que encobre as suas transgressões nunca prosperará; mas o que as confessa e deixa, alcançará misericórdia." Provérbios, 28:13

O PODER DA CONFISSÃO

Enfrentar as falhas com humildade e reconhecer nossos erros é o primeiro passo para uma vida plena. Este versículo nos ensina que esconder nossas transgressões apenas nos afasta da prosperidade. Ao confessar e abandonar o erro, recebemos a misericórdia divina. Deus conhece nosso coração e espera apenas nossa sinceridade para oferecer o perdão e nos renovar. Liberte-se das culpas e permita que a graça transforme seu coração, sempre com a certeza do amor incondicional.

REFLEXÕES:

_____
_____
_____
_____
_____
_____

"Jesus respondeu: Eu sou o caminho, a verdade e a vida. Ninguém vem ao Pai senão por mim." João, 14:6

21 OUT

A VERDADE QUE CONDUZ À VIDA

Em meio a tantas direções e caminhos, Jesus nos lembra que Ele é o verdadeiro caminho para a plenitude. Nele encontramos uma verdade que não nos deixa confusos e uma vida que nos preenche por completo. Quando seguimos Seus passos, estamos escolhendo uma jornada de amor, paz e propósito. Confiar em Jesus é saber que a verdade é mais do que palavras; é uma experiência transformadora. Deixe que Ele conduza seus passos e encontre paz no caminho da vida.

DIÁRIO DE GRATIDÃO:

_____
_____
_____
_____
_____
_____

22 OUT

"Ainda que eu falasse as línguas dos homens e dos anjos, e não tivesse a caridade, seria como o bronze que soa ou como o címbalo que tine." 1 Coríntios, 13:1

O AMOR É A ESSÊNCIA

Este versículo nos lembra que palavras e talentos sem amor são vazios. O amor é a base de tudo que é genuíno e verdadeiro. Mesmo os dons mais extraordinários se tornam vazios se não forem acompanhados pelo amor ao próximo. Nosso valor não está apenas no que dizemos ou fazemos, mas em como amamos e acolhemos os outros. Permita que o amor seja o fundamento de todas as suas ações e veja como ele transforma tanto sua vida quanto a daqueles ao seu redor.

DIÁRIO DE GRATIDÃO:

_____
_____
_____
_____
_____
_____
_____

"Porque eu sou o Senhor, o seu Deus, que o segura pela mão direita e lhe diz: Não temas, eu o ajudarei." Isaías, 41:13

23 OUT

CONFIE NA MÃO QUE GUIA

Em momentos de insegurança, lembrar que Deus segura nossa mão traz uma paz indescritível. Ele promete não apenas estar presente, mas agir ativamente para nos amparar. Esse apoio nos liberta do medo e da solidão, dando forças para enfrentar cada desafio. Com Ele ao nosso lado, cada passo se torna mais leve. Confie na direção divina e permita-se caminhar com fé, sabendo que, onde quer que vá, a mão de Deus está lá para guiá-la com amor e cuidado.

MOTIVOS PARA ORAR:

_____
_____
_____
_____
_____
_____
_____

24 OUT

"Sabemos que Deus age em todas as coisas para o bem daqueles que o amam, dos que foram chamados de acordo com o seu propósito." Romanos, 8:28

A FORÇA DA CONFIANÇA

É natural tentar resolver tudo com nossas próprias forças, mas Deus nos chama a confiar n'Ele completamente. Este versículo é um lembrete de que, mesmo nas incertezas, devemos confiar no Senhor mais do que na nossa própria compreensão. Ele vê o que nós não vemos e conhece o caminho que devemos seguir. Que sua confiança seja sua âncora, trazendo paz aos momentos de dúvida. Quando a vida parecer incerta, lembre-se: Deus sabe o que é melhor para você.

REFLEXÕES:

---

25 OUT

"Não participeis das obras infrutíferas das trevas; antes, porém, reprovai-as." Efésios, 5:11

ESCOLHA A LUZ

Em tempos de celebrações que podem desviar o foco da espiritualidade, este versículo nos lembra de escolher o que edifica e traz luz. Participar de ações que refletem o amor e a bondade de Deus é viver em comunhão com a Sua vontade. Evite as influências que desviam do bem e da verdade. Ao viver como filha da luz, suas ações refletem o caráter de Cristo e inspiram outros. Que suas escolhas sejam sempre pautadas pelo desejo de ser luz em meio às trevas.

DIÁRIO DE GRATIDÃO:

26 OUT

"Disse-lhes mais: Ide, comei as gorduras, e bebei as doçuras, e enviai porções aos que não têm nada preparado para si; porque este dia é consagrado ao nosso Senhor; portanto não vos entristeçais; porque a alegria do Senhor é a vossa força." Neemias, 8:10

CULTIVE A ALEGRIA NO CORAÇÃO

Este versículo nos lembra que a alegria verdadeira irradia de dentro para fora, transformando nossa expressão e nossa vida. O sorriso no rosto é reflexo de um coração em paz. Mesmo nos dias difíceis, buscar motivos para se alegrar é uma forma de cuidar de si mesma. A tristeza pode vir, mas não precisa dominar. Cultive pensamentos de gratidão e valorize os pequenos momentos. A beleza que vem da alegria é uma luz que toca não só você, mas todos ao seu redor.

DIÁRIO DE GRATIDÃO:

27 OUT

"Mas recebereis poder, ao descer sobre vós o Espírito Santo, e sereis minhas testemunhas, tanto em Jerusalém como em toda a Judeia e Samaria, e até aos confins da terra." Atos, 1:8

PRIORIZE O QUE IMPORTA

Em um mundo cheio de pressões e metas, este versículo nos lembra de colocar o reino de Deus em primeiro lugar. Buscar a presença divina não significa abandonar nossos sonhos, mas realinhá-los com propósito. Ao fazer de Deus a prioridade, encontramos equilíbrio e paz, e todas as outras necessidades acabam sendo supridas. Confie que ao colocar o Senhor em primeiro lugar, Ele cuidará de cada detalhe da sua vida, suprindo além do que se pode imaginar.

MOTIVOS PARA ORAR:

28 OUT

"Com toda a humildade e mansidão, com longanimidade, suportando-vos uns aos outros em amor." Efésios, 4:2

APRENDA AMAR COM PACIÊNCIA

Amar nem sempre é fácil, especialmente quando exige paciência e compreensão. Este versículo nos ensina a amar com humildade e mansidão, lembrando que todos têm suas lutas. Praticar o amor com tolerância é reconhecer a humanidade e imperfeição no outro e em nós mesmas. Permita-se aprender com as diferenças e cultivar um amor que supera o orgulho. Esse amor generoso e paciente é uma expressão da graça que Deus derrama sobre nós diariamente.

REFLEXÕES:

---

29 OUT

"Pois tu criaste o meu interior e me teceste no ventre de minha mãe." Salmos, 139:13

VOCÊ É SINGULARMENTE MARAVILHOSA

Este versículo é um lembrete lindo de que Deus te formou com carinho e propósito. Cada detalhe de quem você é foi pensado e criado pelo Criador. Em uma sociedade que constantemente nos pressiona a mudar ou nos adaptar, lembre-se da singularidade que Deus colocou em você. Ele vê sua beleza e valor além das aparências e habilidades. Você é única e amada exatamente como é. Que este conhecimento seja fonte de confiança e gratidão, honrando o que Deus fez.

DIÁRIO DE GRATIDÃO:

30 OUT

"Mas ele foi ferido por causa das nossas transgressões, e esmagado por causa das nossas iniquidades; o castigo que nos traz a paz estava sobre ele, e pelas suas pisaduras fomos sarados." Isaías, 53:5

NÃO FALE QUE TEM AZAR!

Muitas vezes, é tentador atribuir os desafios e frustrações diárias ao azar. Mas Deus nos lembra que Ele tem planos específicos para cada uma de nós, planos que envolvem paz e esperança, mesmo quando não conseguimos enxergar o caminho claramente. Quando pensamos que o azar nos persegue, deixamos de ver a beleza e o propósito nas situações que enfrentamos. Cada desafio carrega uma lição, uma oportunidade de crescimento e de aproximação com Deus. Em vez de falar sobre azar, reforce sua confiança n'Ele e acredite que as dificuldades fazem parte de uma jornada guiada pela sabedoria divina.

DIÁRIO DE GRATIDÃO:

_____
_____
_____
_____
_____
_____

"Assim, pois, cada um de nós dará conta de si mesmo a Deus." Romanos, 14:12

VALORIZE-SE SEM COMPARAÇÕES

Sentir-se inferior em um mundo cheio de comparações é uma armadilha comum. No entanto, Deus nos lembra que somos responsáveis por nossa própria vida e que nossa história é única. Não é sobre ser "melhor" ou "pior" do que ninguém; é sobre valorizar o que somos e como Deus nos vê. Ao invés de buscar aprovação externa, procure entender o propósito que Ele tem para você. Sua jornada é especial, e cada talento, cada dificuldade superada, é parte do que te torna preciosa. Foque em suas conquistas e nas bênçãos que só você recebeu, lembrando-se de que sua vida é um presente singular de Deus.

31 OUT

MOTIVOS PARA ORAR:

_____
_____
_____
_____
_____
_____

Novembro

1º NOV

AGRADEÇA O PRESENTE!

"E Deus limpará de seus olhos toda a lágrima; e não haverá mais morte, nem pranto, nem clamor, nem dor; porque já as primeiras coisas são passadas." Apocalipse, 21:4

Ao viver o presente, evitamos a ansiedade pelo futuro e o peso do passado. Ao contar nossos dias, não se trata de números, mas de reconhecer a preciosidade de cada momento. Em cada manhã, temos uma oportunidade única de aprender, crescer e amar. Que seu coração esteja consciente da beleza do agora, valorizando os pequenos momentos que se somam à jornada. O tempo é um presente que Deus nos dá para que possamos ser testemunhas de Seu amor, graça e misericórdia diariamente. Que você o aproveite com sabedoria.

MOTIVOS PARA ORAR:

_____
_____
_____
_____
_____
_____
_____

DIÁRIO DE GRATIDÃO:

_____
_____
_____
_____
_____
_____
_____

Aponte a câmera do seu celular para este QR Code e faça atividades complementares para aplicar esta reflexão de forma prática em seu dia a dia!

2 NOV

"Disse Deus a Moisés: Eu sou o que sou. Disse mais: Assim dirás aos filhos de Israel: Eu sou me enviou a vós."
Êxodo, 3:14

DIA DE FINADOS

Em dias de saudade, a dor pode ser profunda, mas não precisa ser solitária. Jesus nos prometeu consolo, e o Espírito Santo está conosco em cada lágrima. Lembre-se de que Deus vê sua dor e está perto, restaurando a paz ao seu coração. Aproveite este dia para honrar as memórias e o amor que compartilhou. Cada lembrança é um laço de afeto que permanece, um lembrete de que, um dia, todo pranto será transformado em alegria e reencontro. Que o consolo de Deus envolva sua alma.

REFLEXÕES:

_____
_____
_____
_____
_____
_____
_____

"Pois o Senhor será a tua segurança e guardará o teu pé de ser capturado." Provérbios, 3:26

3 NOV

CAMINHE COM SEGURANÇA

Quando parece que os caminhos são incertos, lembre-se de que Deus é a sua segurança. Ele é o guardião que cuida dos seus passos e livra você de ciladas. Esse versículo nos convida a caminhar sem medo, confiando que Ele está à frente e ao redor. As dificuldades não são sinais de abandono, mas oportunidades para que Deus demonstre Sua força. Que cada passo que você der seja firme, sabendo que o Senhor a protege, guia e lhe dá direção, mantendo-a segura em Sua presença.

DIÁRIO DE GRATIDÃO:

_____
_____
_____
_____
_____
_____
_____

4 NOV

"Pois o homem vê o que está diante dos olhos, porém o Senhor olha para o coração." Salmos, 139:14

AME A OBRA QUE DEUS CRIOU EM VOCÊ

Reconhecer-se como uma criação única de Deus é o primeiro passo para a autoaceitação. Esse versículo relembra que cada detalhe seu foi feito com amor e cuidado, e que se aceitar é honrar a obra do Criador. A autoaceitação não significa ignorar as mudanças que se quer, mas sim valorizar-se exatamente como é, reconhecendo sua beleza e singularidade. Ao olhar para si mesma, busque enxergar além das imperfeições e acredite que é digna de amor e respeito. A verdadeira beleza começa quando se aceita e se ama como Deus já a ama.

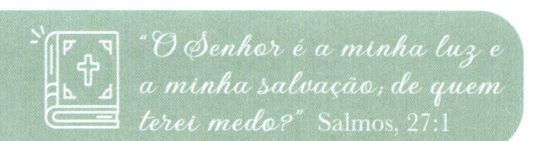

DIÁRIO DE GRATIDÃO:

"O Senhor é a minha luz e a minha salvação; de quem terei medo?" Salmos, 27:1

5 NOV

LIVRE-SE DO MEDO!

Os medos podem surgir de tantas fontes: incertezas, perdas, preocupações com o amanhã. Mas há uma luz constante que dissipa toda escuridão, uma salvação que nunca falha. Com Deus, você pode encontrar paz em meio às tempestades, coragem em meio às inseguranças. Quando o Senhor é sua luz, o medo perde sua força. Confie n'Ele para guiar seus passos, lembrando-se de que, em Sua presença, você é protegida e segura. Ele é a rocha firme que jamais permitirá que você vacile.

MOTIVOS PARA ORAR:

6 NOV

"Confia ao Senhor as tuas obras, e os teus planos serão estabelecidos." Provérbios, 16:3

ENTREGA E CONFIANÇA SEMPRE

É comum desejar controle sobre tudo, mas há um descanso em entregar nossos projetos a Deus. Confie a Ele as coisas que mais almeja, as que carrega em seu coração. Deus conhece o desejo mais profundo da sua alma e é capaz de tornar realidade aquilo que, por vezes, parece impossível. Quando entregamos nossos planos, Ele os ajusta e os torna perfeitos. Que hoje você descanse no fato de que tudo, colocado nas mãos do Pai, é conduzido para o melhor desfecho.

REFLEXÕES:

_____
_____
_____
_____
_____
_____
_____

"Então eu ouvirei do céu, e perdoarei os seus pecados, e sararei a sua terra."
2 Crônicas, 7:14

7 NOV

ESPERANÇA PARA O AMANHÃ

Deus tem planos únicos para cada uma de nós, e eles são bons. Mesmo quando o futuro parece incerto, podemos confiar que Ele conhece o caminho melhor. Ele vê o que não vemos e prepara um futuro onde podemos florescer. Neste dia, abrace a esperança que Ele oferece, sabendo que há um propósito em tudo que você vive. O futuro não é apenas uma extensão de sonhos, mas uma promessa de que, em todas as coisas, Deus está preparando algo especial para você.

DIÁRIO DE GRATIDÃO:

_____
_____
_____
_____
_____
_____
_____

8 NOV

"Porque eu sei que o meu Redentor vive, e que por fim se levantará sobre a terra." Jó, 19:25

PERSISTÊNCIA NA BONDADE

Fazer o bem exige perseverança, especialmente quando os frutos parecem distantes. No entanto, a bondade, uma vez plantada, é uma semente poderosa que, no tempo certo, trará uma colheita abundante. Continue a jornada, espalhando amor, compaixão e fé, sabendo que cada ato de bondade deixa uma marca. Que hoje você seja encorajada a não desistir, pois o que você semeia é valorizado por Deus e terá uma colheita que abençoará sua vida e a vida de outros.

DIÁRIO DE GRATIDÃO:

"Tu és toda formosa, amada minha, e em ti não há mancha." Cânticos, 4:7

9 NOV

DESEJOS QUE FLORESCEM

Deus conhece seus desejos mais profundos, aqueles que nem sempre se revelam aos outros. Ao se voltar para Ele, algo especial acontece: Ele alinha os desejos do seu coração com Sua vontade. Quando colocamos nosso prazer e alegria em Deus, Ele abre caminhos para nos abençoar. Essa busca sincera pelo Pai faz com que nossos desejos floresçam segundo Seu amor e propósito. Que este dia seja de gratidão pelos desejos realizados e pela confiança nos planos ainda a serem revelados.

MOTIVOS PARA ORAR:

10 NOV

"O Senhor firma os passos de um homem, quando a conduta deste o agrada." Salmos, 37:23

PASSOS ABENÇOADOS

Cada passo que damos com fé e integridade é visto e abençoado por Deus. Não importa o tamanho do desafio ou a complexidade do caminho; quando buscamos agir com justiça e retidão, o Senhor firma nossos passos e nos guia. É Ele quem nos ajuda a trilhar caminhos de paz, realização e propósito. Que hoje você tenha segurança de que seus passos estão firmados em rocha sólida e que, em todas as suas escolhas, Deus é o alicerce que a sustenta.

REFLEXÕES:

"As misericórdias do Senhor são a causa de não sermos consumidos, porque as suas misericórdias não têm fim." Lamentações, 3:22

11 NOV

UM PROPÓSITO DIVINO NA SUA JORNADA

Você foi criada com um propósito e dotada de dons especiais para impactar o mundo ao seu redor. Esse versículo nos lembra que não estamos aqui por acaso; Deus nos formou e nos preparou para uma missão de boas obras. Quando entendemos nossa identidade em Cristo, ganhamos força para viver de forma plena, alinhando nossos valores à nossa missão. Que cada ação, escolha e palavra reflita o propósito de Deus em sua vida, fortalecendo sua identidade e trazendo luz a todos que estão ao seu redor.

DIÁRIO DE GRATIDÃO:

12 NOV

"Porque eu quero a misericórdia, e não o sacrifício; e o conhecimento de Deus, mais do que os holocaustos." Oséias, 6:6

TENHA MAIS CONTENTAMENTO

A gratidão transforma nossa visão e nos ensina a ser contentes. Em um mundo que sempre nos pressiona a querer mais, o contentamento é uma fonte de paz. Olhe para as bênçãos ao seu redor e encontre felicidade nas pequenas alegrias do cotidiano. Quando cultivamos o contentamento, carregamos leveza e graça, sem precisar esperar que algo externo mude para nos sentirmos plenas e em paz.

DIÁRIO DE GRATIDÃO:

_____
_____
_____
_____
_____
_____
_____

"E andai em amor, como também Cristo nos amou, e se entregou a si mesmo por nós, em oferta e sacrifício a Deus, em cheiro suave." Efésios, 5:2

13 NOV

ENCONTRE A PAZ NO SILÊNCIO

O silêncio traz à tona uma conexão mais profunda com Deus e consigo mesma. Este versículo nos chama a nos aquietarmos para ouvir a voz divina e nos desligarmos das distrações ao redor. Esses momentos de quietude são oportunidades de renovação espiritual e autoconhecimento, onde se descobre quem realmente é e o que realmente importa. Em uma rotina cheia, o silêncio é um tesouro, um espaço sagrado para renovar a mente e o espírito. Acalme-se, permita que Deus se revele e encontre paz em Sua presença.

MOTIVOS PARA ORAR:

_____
_____
_____
_____
_____
_____

14 NOV

"Vocês são a luz do mundo. Não se pode esconder uma cidade construída sobre um monte." Mateus, 5:14

O IMPACTO SOCIAL QUE VOCÊ CAUSA

Cada pequena ação sua tem o poder de iluminar o mundo ao seu redor. Deus colocou em você a capacidade de fazer a diferença, de ser um reflexo do amor e da justiça em um mundo que tanto precisa. Quando você compartilha sua luz, o impacto é real, e vidas são transformadas. Esse chamado para impactar a sociedade é uma responsabilidade, mas também uma oportunidade de espalhar amor e esperança.

REFLEXÕES:

---

15 NOV

"Cria em mim, ó Deus, um coração puro, e renova em mim um espírito reto." Salmos, 51:10

ACEITE AS FASES DA VIDA

Cada fase da vida traz seus desafios e aprendizados, mas todas são parte do plano de Deus para seu crescimento. Aprender a aceitar essas mudanças com serenidade e gratidão ajuda a viver em paz, adaptando-se ao que cada momento pede. Aceitar cada fase é um ato de fé, sabendo que há um propósito em cada estação e que, em cada uma, Deus está presente ao seu lado.

DIÁRIO DE GRATIDÃO:

16 NOV

"Ele te declarou, ó homem, o que é bom; e que é o que o Senhor requer de ti: que pratiques a justiça e ames a misericórdia, e andes humildemente com teu Deus." Miquéias, 6:8

COMO É O SEU RELACIONAMENTO COM O DINHEIRO E A PROSPERIDADE?

Lidar com o dinheiro é essencial, mas é importante não permitir que ele domine o coração. A prosperidade verdadeira vem de uma vida equilibrada, onde os valores espirituais guiam as decisões financeiras. O dinheiro deve ser um meio, nunca um fim. Quando entendemos isso, encontramos paz e propósito nas posses, usando-as para o bem e confiando que Deus proverá o necessário.

DIÁRIO DE GRATIDÃO:

"Minha graça é suficiente para você, pois o meu poder se aperfeiçoa na fraqueza." 2 Coríntios, 12:9

17 NOV

ENCONTRE O EQUILÍBRIO ENTRE A VULNERABILIDADE E A FORÇA

Ser forte não significa ocultar suas fraquezas, mas sim abraçar a vulnerabilidade como parte do caminho. Deus nos ensina que é na fraqueza que Seu poder se manifesta. Ao reconhecer as áreas em que somos vulneráveis, encontramos forças para crescer e sermos verdadeiramente autênticas. A vulnerabilidade nos conecta, fortalece e nos dá coragem para enfrentar os desafios com fé e confiança.

MOTIVOS PARA ORAR:

18 NOV

"Abre a tua boca a favor do mudo, pela causa de todos os que estão designados à destruição." Provérbios, 31:8

CONQUISTE ESPAÇO E VOZ!

Você foi feita para ocupar seu espaço e usar sua voz. Deus lhe deu a habilidade de expressar sua verdade e de reivindicar seu lugar, seja em sua família, trabalho ou comunidade. Com coragem e fé, você pode abrir caminhos e inspirar outras pessoas a fazerem o mesmo. Quando sua voz reflete o amor e a justiça, ela se torna uma poderosa ferramenta para trazer mudanças e edificar vidas ao seu redor.

REFLEXÕES:

_____
_____
_____
_____
_____
_____

19 NOV

"O corpo, porém, não é para a imoralidade, mas para o Senhor, e o Senhor para o corpo." 1 Coríntios, 6:13

COMO É A SUA RELAÇÃO COM SEU CORPO E SUA IMAGEM?

Aceitar seu corpo é um ato de amor e respeito por quem você é. Deus a criou única, e sua imagem reflete essa singularidade. Cultivar uma relação saudável com o corpo é essencial para o bem-estar e a autoestima. Em vez de buscar padrões externos, valorize sua saúde, força e beleza natural. Ame e cuide do corpo que te permite viver e realizar cada dia com gratidão e propósito

DIÁRIO DE GRATIDÃO:

_____
_____
_____
_____
_____
_____
_____

20 NOV

"Quem ama seu irmão permanece na luz, e nele não há causa de tropeço." 1 João, 2:1

DIA DA CONSCIÊNCIA NEGRA

O amor por todos os nossos irmãos é o que nos mantém na luz de Deus, sem preconceitos ou julgamentos. A consciência e o respeito pela história e pela dignidade de cada pessoa são fundamentais para viver o amor verdadeiro. Reconheça a beleza da diversidade e lute pela igualdade, sabendo que, diante de Deus, todos somos igualmente amados. Ame sem barreiras, e que sua vida seja um testemunho de unidade e justiça.

DIÁRIO DE GRATIDÃO:

_____
_____
_____
_____
_____
_____

"Lançando sobre ele toda a vossa ansiedade, porque ele tem cuidado de vós." Pedro, 5:7

21 NOV

ACEITE OS LIMITES NATURAIS DA VIDA

Muitas vezes, a pressão para conquistar tudo e fazer tudo ao mesmo tempo nos leva ao cansaço e à frustração. A sabedoria bíblica nos lembra que há um tempo certo para cada coisa, que não podemos controlar todas as variáveis da vida. Abra espaço para suas prioridades e entenda que respeitar seus limites é parte de viver de forma plena. Quando você aceita que nem tudo precisa ser feito ao mesmo tempo, encontra paz e força para dar o melhor de si em cada momento. A vida é feita de fases, e o seu valor não depende de alcançar tudo agora.

MOTIVOS PARA ORAR:

_____
_____
_____
_____
_____
_____

22 NOV

"Foi para a liberdade que Cristo nos libertou. Permaneçam firmes, então, e não se deixem submeter novamente a um jugo de escravidão." Gálatas, 5:1

MULHER DE SUCESSO É AQUELA QUE EXERCE SEUS DIREITOS E SUA LIBERDADE DE ESCOLHA

Ser uma mulher de sucesso vai além das realizações externas; é também um exercício de liberdade e escolhas conscientes. Deus lhe deu a liberdade como um direito inalienável, e com ela vem o poder de decidir o que faz sentido para a sua vida. Suas decisões refletem sua coragem de ser verdadeira consigo mesma e de viver plenamente. Permaneça firme nessa liberdade, rejeitando pressões que tentam limitar quem você é. Lute por seus direitos, porque sua liberdade é um presente divino que ninguém pode lhe tirar.

REFLEXÕES:

"Onde dois ou três se reúnem em meu nome, ali estou no meio deles." Mateus, 18:20

23 NOV

ACREDITE NO PODER DA COLETIVIDADE

A jornada é mais rica quando compartilhada. A coletividade não apenas fortalece, mas também traz cura, aprendizado e apoio mútuo. Quando duas ou mais mulheres se unem em propósito e fé, criam um ambiente onde a presença de Deus se faz sentir, potencializando as conquistas de cada uma. Essa união é um lembrete de que juntas podemos alcançar mais do que sozinhas. Nunca subestime o poder de apoiar e ser apoiada, pois Deus opera onde há comunhão e solidariedade.

DIÁRIO DE GRATIDÃO:

24 NOV

"Eis que estou à porta, e bato; se alguém ouvir a minha voz, e abrir a porta, entrarei em sua casa, e com ele cearei, e ele comigo." Apocalipse, 3:20

O VALOR DE UM ATO RESIDE MAIS NA INTENÇÃO DO QUE NO RESULTADO

Em um mundo que valoriza os resultados, Deus nos lembra que é o coração que importa. Suas ações, mesmo as menores, ganham valor quando movidas por uma intenção pura. Não se preocupe tanto com os resultados, pois Deus enxerga o propósito que impulsiona cada gesto. Sua generosidade, bondade e amor refletem uma essência que nem sempre é percebida pelo mundo, mas é valiosa aos olhos de Deus. Continue agindo com integridade e com o coração voltado para o bem.

DIÁRIO DE GRATIDÃO:

_____
_____
_____
_____
_____
_____
_____
_____

"O desejo preguiçoso mata, porque suas mãos se recusam a trabalhar." Provérbios, 21:25

25 NOV

NÃO SONHE COM O SUCESSO. TRABALHE PARA TÊ-LO!

Sonhar é importante, mas o trabalho diário é o que concretiza o que você tanto deseja. Sem esforço, nossos sonhos perdem força e se tornam apenas desejos sem direção. Deus nos chama a sermos ativas e diligentes, nos incentivando a colocar nossas mãos à obra. Portanto, ao invés de apenas sonhar com o sucesso, empenhe-se para alcançá-lo. Cada passo dado, cada pequeno esforço, contribui para que o propósito que Deus colocou em seu coração se realize.

MOTIVOS PARA ORAR:

_____
_____
_____
_____
_____
_____
_____
_____

26 NOV

"Aquietai-vos, e sabei que eu sou Deus; serei exaltado entre as nações; serei exaltado sobre a terra." Salmos, 46:10

DESAFIOS E MEDOS TAMBÉM FAZEM PARTE DO PROCESSO

As dificuldades não são sinais de fracasso, mas parte natural da caminhada. Jesus nos avisou que passaríamos por aflições, mas também nos garantiu força e vitória. Quando as lutas vierem, lembre-se de que Deus está ao seu lado, ajudando-a a superar cada obstáculo. As dificuldades moldam o seu caráter, fortalecem sua fé e a tornam mais resiliente. Não desanime diante dos problemas; eles são meios pelos quais você aprende e cresce, tendo como guias os ensinamentos do Cristo.

REFLEXÕES:

"Pois quem de vocês, querendo construir uma torre, não se senta primeiro para calcular o custo?" Lucas, 14:28

27 NOV

A ÚNICA MANEIRA DE VENCER É TENTAR!

O sucesso é construído através das tentativas. É no movimento, nas ações iniciais, que se desenha o caminho da realização. Quando você começa, mesmo sem saber todos os resultados, mostra coragem e determinação. Jesus nos ensina a calcular os custos, mas Ele também nos encoraja a tentar. Cada esforço vale a pena, pois é tentando que você descobre o que é capaz de fazer. Não permita que o medo de errar impeça você de dar o primeiro passo em direção ao seu propósito.

DIÁRIO DE GRATIDÃO:

28 NOV

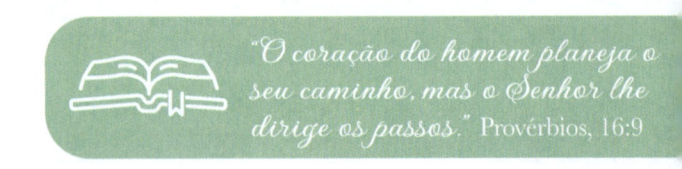

> "O coração do homem planeja o seu caminho, mas o Senhor lhe dirige os passos." Provérbios, 16:9

CHEGA DE MIMIMI!

Às vezes, nos deixamos levar por reclamações e acabamos gastando energia sem ação. A Palavra nos ensina que quem controla suas palavras também pratica a prudência. Em vez de perder tempo com queixas, dedique-se ao que pode ser feito. Esse é um convite para transformar a insatisfação em passos concretos. Evite o "mimimi" e busque soluções; cada vez que você age em vez de reclamar, fortalece seu caminho e avança em direção aos seus objetivos com mais leveza e eficiência.

DIÁRIO DE GRATIDÃO:

_____
_____
_____
_____
_____
_____
_____
_____

29 NOV

> "Eu o Senhor te chamei para a justiça; tomei-o pela mão e o protegi." Isaías, 42:6

DESAFIOS E MEDOS TAMBÉM FAZEM PARTE DO PROCESSO

As dificuldades não são sinais de fracasso, mas parte natural da caminhada. Jesus nos avisou que teríamos aflições, mas também nos garantiu vitória e força. Quando as lutas vierem, lembre-se de que Deus está ao seu lado, ajudando-a a superar cada obstáculo. As dificuldades moldam seu caráter, fortalecem sua fé e a tornam mais resiliente. Não desanime diante dos problemas; eles são um meio pelo qual você aprende e cresce, seguindo o exemplo do próprio Cristo.

MOTIVOS PARA ORAR:

_____
_____
_____
_____
_____
_____
_____

30 NOV

MULHER BONITA É A QUE VAI À LUTA!

A beleza da mulher que luta é que ela confia plenamente em Deus como sua força e escudo. Cada batalha que você enfrenta se torna mais leve quando depositada nas mãos do Senhor. Ele é seu sustentador, a força que a move a lutar e a vencer. Ser uma mulher de luta não é sobre dureza, mas sobre perseverança e fé. Confie que Deus está com você em cada etapa, dando-lhe coragem e suporte para vencer, sabendo que Ele é fiel e protege seu coração em todos os momentos.

"Porque pela graça sois salvos, por meio da fé; e isto não vem de vós, é dom de Deus." Efésios, 2:8

DIÁRIO DE GRATIDÃO:

REFLEXÕES:

Dezembro

1º DEZ

PREPARATIVOS DE FIM DE ANO

"O meu arco tenho posto nas nuvens, e ele será por sinal de aliança entre mim e a terra."
Gênesis, 9:13

À medida que o ano chega ao fim, é natural sentir a pressão dos preparativos e das reflexões. Lembre-se de que tudo tem o seu tempo e lugar. Cada etapa de sua vida, cada conquista e cada desafio traz ensinamentos preciosos. Nos preparativos de fim de ano, deixe espaço para o que realmente importa: estar presente, amar e perdoar. Dedique-se com tranquilidade aos detalhes e acolha o tempo que Deus designou para cada coisa. Que esses momentos de organização também sejam de paz e gratidão.

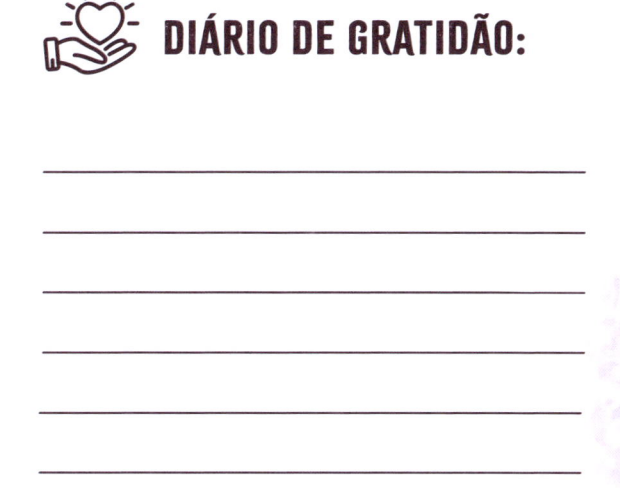

MOTIVOS PARA ORAR:

_____
_____
_____
_____
_____
_____
_____

DIÁRIO DE GRATIDÃO:

_____
_____
_____
_____
_____
_____
_____

Aponte a câmera do seu celular para este QR Code e faça atividades complementares para aplicar esta reflexão de forma prática em seu dia a dia!

2 DEZ

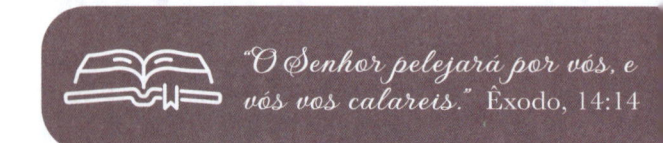

"O Senhor pelejará por vós, e vós vos calareis." Êxodo, 14:14

NINGUÉM NASCE SABENDO. É PRECISO MUITO TRABALHO DURO!

Conquistar seus objetivos exige dedicação e esforço. Ninguém começa com todas as respostas, e o aprendizado faz parte do caminho. Deus recompensa aqueles que se dedicam, pois o empenho reflete sua fé em ação. Com trabalho duro e paciência, você verá os frutos de seu esforço. Cada passo dado, cada erro corrigido, aproxima você dos sonhos plantados em seu coração. Confie que o caminho, mesmo com seus desafios, trará ensinamentos valiosos e fortalecerá sua caminhada.

DIÁRIO DE GRATIDÃO:

"Não fostes vós que me escolhestes a mim; pelo contrário, eu vos escolhi a vós outros e vos designei para que vades e deis fruto." João, 15:16

3 DEZ

SAIA DA SUA ZONA DE CONFORTO!

Deus te chamou para uma vida de propósito e fruto. Sair da zona de conforto é um passo corajoso para viver o chamado que Ele te deu. Muitas vezes, as maiores transformações ocorrem quando enfrentamos o novo. Encare o desconhecido com fé, sabendo que Deus te guia e fortalece. Deixe de lado o medo do desconhecido e confie que Ele te sustenta. Ao sair da zona de conforto, você abre portas para que Deus opere milagres e te use para impactar o mundo ao seu redor.

MOTIVOS PARA ORAR:

4 DEZ

"O Senhor te abençoe e te guarde; o Senhor faça resplandecer o seu rosto sobre ti, e tenha misericórdia de ti." Números, 6:24-25

VOCÊ NÃO PODE ALTERAR AS CONDIÇÕES, PODE MUDAR APENAS SEU MODO DE LIDAR COM ELAS!

Às vezes, as situações fogem do nosso controle, e a única coisa que podemos mudar é nossa reação. Deus nos chama a responder com bondade e sabedoria, mesmo quando as circunstâncias são difíceis. Encare as adversidades com um coração fortalecido pela fé. Escolha lidar com os desafios de forma que traga paz e aprendizado, transformando o que seria obstáculo em oportunidade de crescimento. Deixe que Deus guie suas reações e descubra a força em Sua presença.

REFLEXÕES:

_____
_____
_____
_____
_____
_____
_____

5 DEZ

"Porque os meus pensamentos não são os vossos pensamentos, nem os vossos caminhos, os meus caminhos, diz o Senhor." Isaías, 55:8

NINGUÉM CONHECE A SUA JORNADA COMO VOCÊ

Sua jornada é única e é escrita pelas mãos de Deus. Às vezes, os caminhos de outros parecem mais fáceis, mas Deus conhece cada desafio que você enfrenta e molda sua história para o seu crescimento. Ninguém entende o seu percurso como você, e é normal que nem sempre compreendam suas escolhas. Confie que Deus está presente em cada passo, e que, no final, essa jornada, com todas as suas particularidades, te levará ao propósito que Ele traçou para você.

DIÁRIO DE GRATIDÃO:

_____
_____
_____
_____
_____
_____
_____
_____

6 DEZ

"O homem não viverá só de pão, mas de tudo o que sai da boca do Senhor viverá o homem." Salmos, 37:23-24

CADA QUEDA É UMA CHANCE DE SE LEVANTAR MAIS FORTE

As quedas fazem parte da caminhada, mas elas não definem quem você é. Cada vez que se levanta após um tropeço, você se torna mais forte e preparada para os desafios. Deus te apoia e segura a sua mão, não importa quantas vezes você caia. Encare as quedas como oportunidades para aprender e amadurecer, lembrando-se de que o Senhor te ajuda a se erguer e a seguir em frente com confiança. Use cada dificuldade como um degrau para seu crescimento.

DIÁRIO DE GRATIDÃO:

_____
_____
_____
_____
_____
_____
_____

"Porém eu e a minha casa serviremos ao Senhor." Josué, 24:15

7 DEZ

NÃO HÁ LIMITES PARA O QUE UMA MULHER PODE CONQUISTAR QUANDO ELA ACREDITA EM SI MESMA

Deus te deu a força e a capacidade para ir além dos seus limites. Acredite em quem você é e na força que o Senhor deposita em você. Quando os desafios parecem maiores do que você, lembre-se de que, com Deus ao seu lado, tudo é possível. Com fé, coragem e dedicação, você pode realizar o que deseja e impactar positivamente o mundo. Que sua confiança em si mesma e no Senhor seja o alicerce para cada conquista.

MOTIVOS PARA ORAR:

_____
_____
_____
_____
_____
_____
_____

8 DEZ

"Peça-a, porém, com fé, em nada duvidando." Tiago, 1:6

VOCÊ PRECISA QUERER E DESEJAR!

Deus incentiva que peçamos com fé, porque Ele escuta e conhece nossos desejos mais profundos. Peça com confiança e certeza, sem medo de ser rejeitada, pois o Senhor sabe o que é bom para você. A fé nos dá o direito de desejar e o privilégio de apresentar nossos sonhos diante de Deus. Ao expressar suas necessidades e aspirações, confie no tempo e na sabedoria divina. Que seu coração se encha de coragem para pedir e de serenidade para esperar o que Ele preparou.

REFLEXÕES:

---

9 DEZ

"Então o anjo do Senhor lhe apareceu, e lhe disse: O Senhor é contigo, homem valoroso." Juízes, 6:12

É NA DEDICAÇÃO QUE SE ENCONTRA A VERDADEIRA EXCELÊNCIA

Fazer as coisas com empenho e dedicação reflete a excelência que Deus espera de nós. Seja no trabalho, na família ou nos projetos pessoais, quando você se entrega de coração, os resultados são plenos. A excelência não está na perfeição, mas no compromisso de dar o seu melhor. Lembre-se de que sua dedicação não passa despercebida diante de Deus, e Ele recompensa aqueles que agem com zelo. Faça tudo com amor e empenho, e o fruto de seu trabalho será abençoado.

DIÁRIO DE GRATIDÃO:

10 DEZ

> *"Prepara-se o cavalo para o dia da batalha, mas do Senhor vem a vitória."* Provérbios, 21:31

SORTE É ESTAR PRONTO QUANDO A OPORTUNIDADE VEM

Estar preparada é essencial para agarrar as oportunidades que Deus coloca no seu caminho. Planeje, organize-se, desenvolva suas habilidades, mas nunca esqueça que a vitória vem do Senhor. Quando você se dedica e se prepara, as portas certas se abrirão no tempo de Deus. A sorte, na verdade, é o encontro da sua preparação com as oportunidades que Ele traz. Então, faça a sua parte com determinação e confiança, deixando o resultado final nas mãos d'Aquele que cuida de você.

DIÁRIO DE GRATIDÃO:

---

11 DEZ

> *"Aonde quer que tu fores irei eu, e onde quer que pousares, ali pousarei eu; o teu povo é o meu povo, o teu Deus é o meu Deus."* Rute, 1:16

VIVA COMO SE FOSSE O ÚLTIMO DIA DE SUA VIDA

A vida é um presente delicado, e a consciência da finitude nos chama a viver intensamente cada momento. Não se trata de medo da morte, mas de um convite à presença plena. Viver de verdade é ter coragem para explorar os sonhos, abraçar os desafios e amar com profundidade. Que cada amanhecer seja uma oportunidade para nos aproximarmos da nossa essência, dando passos que ecoem em eternidade. Que a morte nos encontre cheias de experiências e com um coração repleto de gratidão, pois a verdadeira vida acontece nos dias que ousamos vivê-la plenamente.

MOTIVOS PARA ORAR:

12 DEZ

> "Dá, pois, ao teu servo um coração entendido para julgar a teu povo, para que prudentemente discirna entre o bem e o mal; porque quem poderia julgar a este teu tão grande povo?" 1 Reis, 3:9

QUANDO UMA MULHER DECIDE MUDAR, TUDO MUDA EM VOLTA DELA

A mudança verdadeira começa de dentro para fora. Quando uma mulher escolhe crescer, seus valores se fortalecem, suas percepções se ampliam e sua vida se transforma. Mudar é um ato de coragem, uma decisão de abrir mão do que já não serve para caminhar em direção ao que a faz florescer. Ao decidir por essa jornada, tudo ao redor também se ajusta, pois suas escolhas inspiram e influenciam o ambiente. Mudar é uma dança de liberdade que ecoa em cada espaço, criando um mundo novo em torno de quem decide ser a sua melhor versão.

REFLEXÕES:

---

13 DEZ

> "Eis que agora sei que em toda a terra não há Deus senão em Israel; agora, pois, te rogo que tomes uma bênção do teu servo." 2 Reis, 5:15

NÃO PERMITA QUE NINGUÉM APAGUE A LUZ QUE HÁ EM VOCÊ

Existe uma luz dentro de cada mulher que reflete a beleza única de quem ela é. Essa luz vem da essência, do amor e da fé. Às vezes, as circunstâncias da vida ou palavras duras tentam apagá-la, mas lembre-se: o que é verdadeiro em você é eterno e inabalável. Sua luz é seu maior tesouro, sua força para iluminar o caminho, mesmo em tempos de escuridão. Não permita que o julgamento dos outros determine o seu brilho. Permita-se irradiar essa luz e inspirar aqueles ao seu redor, pois você é feita para brilhar.

DIÁRIO DE GRATIDÃO:

14 DEZ

"Porque Esdras tinha preparado o seu coração para buscar a lei do Senhor, e para a cumprir, e para ensinar em Israel os seus estatutos e os seus juízos." Esdras, 7:10

SEJA LEAL ÀS AÇÕES PEQUENAS, PORQUE É NELAS QUE ESTÁ A SUA FORÇA

Nos gestos pequenos, nas atitudes diárias, reside a verdadeira força de uma mulher. A fidelidade nas pequenas ações, o cuidado com os detalhes, revela a essência de quem somos. Ser leal ao que parece insignificante molda o caráter e fortalece o coração. Lembrar de um sorriso, de uma palavra de apoio ou de um abraço é onde encontramos nossa força. Que sua fidelidade seja constante, pois são esses atos diários que se transformam em pilares sólidos, capazes de sustentar grandes conquistas ao longo da vida.

DIÁRIO DE GRATIDÃO:

_____
_____
_____
_____
_____
_____
_____

"Tu só tu és Senhor; tu fizeste os céus, o céu dos céus, e todo o seu exército, a terra e tudo quanto nela há, os mares e tudo quanto neles há, e tu os guardas com vida a todos eles." Neemias, 9:6

15 DEZ

OS OUTROS NÃO DEFINEM O SEU LIMITE

Seu caminho é único, e ninguém tem o direito de estabelecer onde você pode ou não chegar. As limitações que os outros impõem são projeções de suas próprias dúvidas e medos, mas você carrega dentro de si a força divina para ir além. Deus é quem te capacita a ultrapassar qualquer barreira e a descobrir o seu potencial. Confie em si mesma e siga em frente, pois os únicos limites são aqueles que você decide superar. Você é livre para definir o seu próprio horizonte, seguindo com coragem e fé.

MOTIVOS PARA ORAR:

_____
_____
_____
_____
_____
_____
_____

16 DEZ

"Esforcem-se para ser perfeitos, como perfeito é o Pai celestial de vocês." Mateus, 5:48

BUSQUE SEMPRE A SUA MELHOR VERSÃO

O chamado para buscar a melhor versão de nós mesmas não se trata de perfeição, mas de um compromisso contínuo com o crescimento. Cada dia é uma oportunidade para amadurecer, refletir e alinhar-se com os valores que nos elevam. Ser a melhor versão é ser honesta, compassiva e verdadeira com quem você é. Não se compare ou se diminua; apenas faça de cada momento uma chance de florescer. Em cada esforço sincero, você se aproxima da plenitude e honra o propósito divino que há em você.

REFLEXÕES:

"Ele muda os tempos e as estações; remove os reis e estabelece os reis; dá sabedoria aos sábios e conhecimento aos inteligentes." Daniel, 2:21

17 DEZ

UMA VERDADEIRA TRANSFORMAÇÃO COMEÇA QUANDO VOCÊ OUSA ABRAÇAR O DESCONHECIDO

A vida nos convida, a cada dia, a confiar no que não podemos ver. Transformar-se é lançar-se ao desconhecido com o coração cheio de fé, acreditando que algo maior nos guia. Quando ousamos sair da zona de conforto, encontramos o inesperado, crescemos e nos renovamos. O desconhecido pode parecer assustador, mas é nele que se escondem as maiores descobertas. Permita-se essa coragem, deixe-se conduzir pelo que ainda não conhece e veja como cada passo te transforma, revelando uma força que só a fé pode sustentar.

DIÁRIO DE GRATIDÃO:

18 DEZ

"Porque o mandamento é lâmpada, e a instrução é luz, e a repreensão da correção é o caminho da vida."
Provérbios, 6:23

APENAS VOCÊ TEM O DIREITO DE DEFINIR O QUÃO LONGE VOCÊ PODE CHEGAR

O seu potencial é ilimitado e somente você conhece as suas possibilidades. Não permita que ninguém diminua seus sonhos ou defina até onde você pode chegar. Em Deus, você encontra a força para alcançar o que deseja e a liberdade para escolher o seu caminho. Cada objetivo que você traça é um passo em direção ao propósito que Ele reservou para você. Caminhe com confiança, saiba que o seu destino é único e que, com fé, você pode ir muito além do que imagina.

DIÁRIO DE GRATIDÃO:

"Lutem o bom combate da fé."
1 Timóteo, 6:12

19 DEZ

ÀS VEZES É PRECISO LUTAR A MESMA BATALHA MAIS DE UMA VEZ PARA VENCÊ-LA

Nem todas as vitórias são conquistadas de imediato; algumas batalhas exigem persistência e coragem repetida. Se há algo que você ainda não venceu, lembre-se de que a jornada de crescimento muitas vezes requer tentativas contínuas. A cada novo esforço, você se torna mais forte e sábia, aprendendo com cada desafio. Não desista, pois até mesmo as batalhas repetidas fazem parte do seu desenvolvimento. Persista e confie, pois no tempo certo, a vitória virá, e você se surpreenderá com a mulher resiliente que se tornou.

MOTIVOS PARA ORAR:

20 DEZ

> "E que desde a infância sabes as sagradas escrituras, que podem te tornar sábio para a salvação, pela fé em Cristo Jesus."
> 2 Timóteo, 3:15

O ATO MAIS CORAJOSO É PENSAR POR VOCÊ MESMA

Ser autêntica em um mundo que constantemente impõe expectativas é um ato de coragem. Deus te fez única, com uma visão e um propósito singulares. Pensar por si mesma é honrar essa individualidade, é questionar, refletir e escolher o que realmente faz sentido para você. Não permita que opiniões externas moldem seu caminho. Sua mente e coração foram feitos para serem livres, e a verdadeira coragem está em seguir o que acredita ser certo, mesmo que isso signifique remar contra a corrente.

REFLEXÕES:

> "Porque assim como os céus são mais altos do que a terra, assim são os meus caminhos mais altos do que os vossos caminhos, e os meus pensamentos mais altos do que os vossos pensamentos." Isaías, 55:9

21 DEZ

ACREDITE NA SUA CAPACIDADE DE SE REINVENTAR

A mudança começa de dentro para fora. A vida constantemente exige adaptações, e a capacidade de se reinventar é um dom precioso. Ao transformar a mente, renovamos também nosso espírito, enxergando novas possibilidades e rompendo com padrões antigos. Esse processo traz crescimento e nos permite descobrir potencialidades antes ocultas. Confie que Deus te guia na jornada de renovação. Ele planta sementes de esperança em cada novo ciclo, e, ao abraçar essa verdade, você será capaz de florescer onde quer que esteja.

DIÁRIO DE GRATIDÃO:

22 DEZ

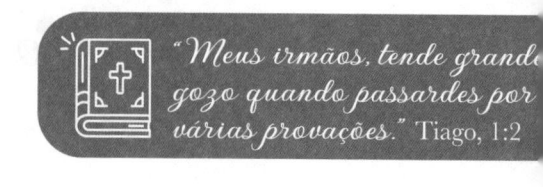

"Meus irmãos, tende grande gozo quando passardes por várias provações." Tiago, 1:2

QUANTO MAIS FORTES FOREM SUAS PROVAÇÕES, MAIORES SERÃO SUAS VITÓRIAS

Os desafios moldam a nossa força e nos preparam para vitórias ainda maiores. Enfrentar dificuldades pode parecer pesado, mas em cada prova há uma oportunidade de fortalecimento e aprendizado. As provações são o campo de crescimento onde Deus nos prepara para novas conquistas. A vitória que vem após o esforço e a superação das lutas é plena e verdadeira. Lembre-se de que o propósito de cada desafio é construir uma fé mais sólida e um espírito resiliente, pronto para acolher os frutos dessa jornada.

DIÁRIO DE GRATIDÃO:

"Regozijai-vos sempre." 1 Tessalonicenses, 5:16

23 DEZ

COLECIONE MEMÓRIAS E ACUMULE SORRISOS. TODO O RESTO É PASSAGEIRO

A felicidade está nas memórias que construímos e nas alegrias simples do dia a dia. As coisas materiais passam, mas o valor dos momentos compartilhados e dos sorrisos genuínos é eterno. A cada oportunidade, busque desfrutar da companhia das pessoas queridas, das paisagens, das músicas e dos abraços sinceros. Esse é o tesouro que fica, e nada pode tirá-lo de você. Escolha construir uma vida recheada de lembranças boas e se permita, diariamente, encher o coração de gratidão e alegria.

MOTIVOS PARA ORAR:

24 DEZ

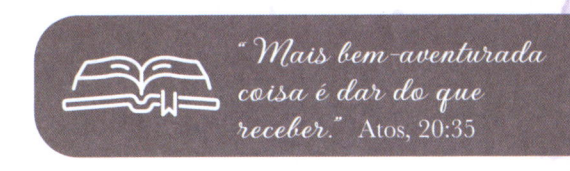

> "Mais bem-aventurada coisa é dar do que receber." Atos, 20:35

DOE OS MELHORES PRESENTES NESTA NOITE DE NATAL

O verdadeiro sentido do Natal está na generosidade e no amor que se expressa através de atos de bondade. Nesta noite, que seus presentes sejam os mais preciosos: um abraço sincero, uma palavra de conforto, um tempo dedicado a quem ama. Pequenos gestos podem transformar vidas e aquecer corações. Ao presentear, pense no que pode oferecer de valor duradouro para o outro. Este Natal pode ser a oportunidade de cultivar laços e iluminar caminhos com a doação que vem do coração.

REFLEXÕES:

_____
_____
_____
_____
_____
_____

25 DEZ

> "Porque um menino nos nasceu, um filho se nos deu." Isaías, 9:6

A ESSÊNCIA DO NATAL

O Natal é um convite para celebrar a chegada de Jesus e todo o amor que Ele representa. Neste dia especial, lembre-se da simplicidade e do propósito divino que essa data carrega. Além de presentes e festas, que a essência do Natal brilhe em nossos corações como um chamado à paz, ao perdão e ao amor incondicional. Que essa celebração renove nossa fé e nos inspire a viver os valores que Ele nos ensinou: bondade, humildade e compaixão. Que a luz de Cristo ilumine cada decisão e encha de propósito o nosso caminho.

DIÁRIO DE GRATIDÃO:

_____
_____
_____
_____
_____
_____
_____

26 DEZ

"Porque eu bem sei os pensamentos que tenho a vosso respeito, diz o Senhor; pensamentos de paz, e não de mal, para v dar o fim que esperais." Jeremias, 29:11

NÃO ESPERE PELO MOMENTO PERFEITO. FAÇA DE CADA MOMENTO A OPORTUNIDADE PERFEITA

A vida não espera e as oportunidades estão nos momentos que vivemos agora. Não se preocupe em esperar pelo "momento ideal" para agir. Deus abençoa cada esforço feito de coração, e é nessa dedicação que encontramos o sentido das pequenas conquistas diárias. Cada instante pode ser uma chance de aprender, amar e realizar. Faça o seu melhor agora, e transforme o ordinário em extraordinário. Aproveitar o presente com intensidade nos prepara para viver plenamente cada experiência.

DIÁRIO DE GRATIDÃO:

_____
_____
_____
_____
_____
_____
_____

"Mas corra o juízo como as águas, e a justiça como o ribeiro impetuoso." Amós, 5:24

27 DEZ

ESTEJA PRESENTE EM CADA MOMENTO DA SUA VIDA, ANTES QUE ESTES MOMENTOS SE TORNEM APENAS LEMBRANÇAS

O tempo é precioso, e estar presente significa valorizar cada segundo. Nossa mente frequentemente se perde em preocupações futuras ou em lembranças passadas, mas o presente é onde a vida realmente acontece. Desfrute dos pequenos detalhes, das conversas e dos olhares, porque um dia eles se tornarão lembranças queridas. Ao se dedicar inteiramente ao agora, cultivamos a sabedoria e a gratidão, reconhecendo que cada momento é uma dádiva.

MOTIVOS PARA ORAR:

_____
_____
_____
_____
_____
_____
_____

28 DEZ

"A glória desta última casa será maior do que a da primeira, diz o Senhor dos exércitos, e neste lugar darei a paz, diz o Senhor dos exércitos." Ageu, 2:9

VIVA A HISTÓRIA QUE UM DIA VOCÊ GOSTARIA DE CONTAR PARA OS SEUS NETOS

Nossa vida é uma história em construção, e cada escolha acrescenta capítulos ao livro que um dia será lembrado. Que tipo de história você deseja contar? O que espera que fique para as próximas gerações? Viva com propósito, construa uma jornada que inspire aqueles que virão depois de você. Quando você entrega o seu caminho a Deus, Ele te guia na criação de uma história de coragem, amor e fé, digna de ser contada com orgulho e gratidão.

REFLEXÕES:

_____
_____
_____
_____
_____
_____

"E dar-vos-ei um coração novo, e porei dentro de vós um espírito novo; e tirarei da vossa carne o coração de pedra, e vos darei um coração de carne." Ezequiel, 36:26

29 DEZ

A VIDA É 10% DO QUE NOS OCORRE E 90% DE COMO REAGIMOS

A maneira como enfrentamos os desafios da vida define quem somos. Podemos não controlar tudo o que acontece, mas sempre escolhemos como reagir. Com fé e resiliência, é possível transformar cada situação em aprendizado e cada obstáculo em degrau. Ao confiar em Deus, sabemos que Ele está no controle e que tudo serve a um propósito maior. Assim, mesmo nos dias difíceis, escolha reagir com amor e confiança, sabendo que cada experiência contribui para o seu crescimento.

DIÁRIO DE GRATIDÃO:

_____
_____
_____
_____
_____
_____
_____
_____

30 DEZ

NÃO DESISTA DE ACREDITAR QUE O MUNDO PODE SER UM LUGAR MELHOR

"Amarás, pois, ao Senhor teu Deus de todo o teu coração, e de toda a tua alma, e de todo o teu entendimento, e de todas as tuas forças; este é o primeiro mandamento.
Marcos, 12:30

A esperança é uma força poderosa, e acreditar em um futuro melhor é o primeiro passo para construí-lo. Não se deixe abater pelos desafios e pelas dificuldades que o mundo apresenta. A transformação começa em cada um de nós, na forma como tratamos os outros e nas ações que escolhemos realizar. Seja uma luz em meio à escuridão, inspire e motive ao seu redor. Quando confiamos em Deus e agimos com amor, ajudamos a fazer do mundo um lugar mais justo e acolhedor.

REFLEXÕES:

_____
_____
_____
_____
_____
_____
_____
_____

DIÁRIO DE GRATIDÃO:

_____
_____
_____
_____
_____
_____
_____
_____

31 DEZ

MAIS UM ANO SE ACABA. SENTIMENTOS DE RENOVAÇÃO DE ESPERANÇA PAIRAM NO AR

"As coisas velhas já passaram; eis que tudo se fez novo." 2 Coríntios, 5:17

O fim de um ano é uma oportunidade de renovação, um convite a deixar para trás o que não serve mais e abraçar o novo. Permita-se refletir sobre tudo o que passou, agradecendo pelas lições e pelas bênçãos. Deixe que o futuro seja um espaço para a esperança e o crescimento, e entre no novo ano com um coração leve e disposto. Deus nos oferece o privilégio de recomeçar a cada dia, e o ano que nasce traz a promessa de novas conquistas e possibilidades.

REFLEXÕES:

DIÁRIO DE GRATIDÃO:

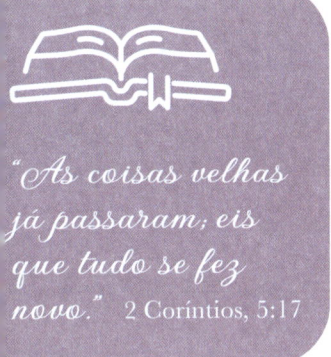

Ao longo deste devocional, fomos conduzidos por uma jornada rica em leituras e ensinamentos, que nos permitiram aprofundar nossa fé e compreensão espiritual. Este é um momento oportuno para refletir sobre os temas abordados e o impacto que tiveram em sua vida.

Nas próximas linhas, reserve um tempo para registrar seus pensamentos, ideias e aprendizados. Considere as mudanças que ocorreram em sua perspectiva, as lições que tocaram seu coração e como essas experiências contribuíram para o seu crescimento espiritual ao longo deste ano.

Que essa reflexão seja um ponto de partida para novas descobertas e uma conexão ainda mais profunda com sua jornada de fé e propósito.

A prática da gratidão nos convida a enxergar as bênçãos em cada momento, reconhecendo a presença e o cuidado de Deus em nossas vidas.
Ao longo deste devocional, aprendemos que a gratidão transforma nosso olhar, nos aproximando de uma vida mais plena e consciente.

Agora, reserve um momento para refletir sobre tudo o que trouxe alegria, força e aprendizado ao longo desta jornada. Pense nas pequenas e grandes coisas pelas quais você pôde agradecer, sejam elas pessoas, experiências ou até mesmo desafios que contribuíram para seu crescimento.

Nas próximas linhas, registre suas palavras de gratidão, reconhecendo as dádivas recebidas e fortalecendo seu coração para continuar trilhando esse caminho de luz e propósito. Este diário será um testemunho vivo das bênçãos que acompanham sua caminhada.

QUAIS SÃO OS SEUS MOTIVOS PARA ORAR?

Reserve este espaço para refletir e escrever sobre as razões que o levam a buscar a Deus em oração. Seja para agradecer, pedir sabedoria, interceder por alguém ou simplesmente conversar com Ele, registre aqui seus pensamentos e descubra como a oração tem transformado sua vida.

**ENCONTRE MAIS
LIVROS COMO ESTE**

KING BOOKS